歴史文化ライブラリー

35

語りかける文化遺産

ピラミッドから
安土城・桂離宮まで

神部四郎次

吉川弘文館

原則として、初版で掲載した口絵は割愛しております。

目次

日本の文化遺産から

文化遺産はなにを語るか

大海原《うなばら》に漕ぎ出した舟の舵《かじ》取《と》りは難しい
視界にただ大海原が見えるのみ
風が吹き、波高きは嵐の予兆
迫りくる未来に不安がよぎる

現代文明の中に住む我々は、嵐の中の波間に漂《ただよ》う船団に似る
行く先が見えず、舟の進路を取るものはなし
多くの人々を乗せた船団は右往左往するのみ

漠然とした不安が未来の中にある

現代に吹く嵐はどこからきているのであろうか
龍巻が吹き上げ豪雨が降り注ぐ
すべてが現実であり、心の世界でもある
へんぺんたる科学が広大なる心の世界を知らず
知識と理性が世界そのものと錯覚し
かつて我々を導いた神々を見失わせた
さらに無視され捨て去られた広大な心の奥から
叫びと妄想《もうそう》が徘徊《はいかい》し嵐をおこす

嵐をおさめ進路を示す羅針盤はいまいずこ
かつての世界は神々も魔術も善も悪も
殺戮《さつりく》の残忍さも悲しみも優しさも
明晰《めいせき》な意識も底に眠る無意識さえも

すべてを受け入れた心の世界であった
その心の躍動する世界からの使いが文化遺産
過去の人類が残した文化遺産は人類の心と叡智がつまる
ここでしばし文化遺産が語りかける声を聞いてみよう

人は生きている。その生き物としての人々がしだいに息苦しさを持ってきている。現代文明が硬直化し腐敗しはじめていると感じるのは私だけではないはずである。そしてそのもとが、自然科学という知識万能の体系からきているようにおもわれる。自然科学もはじめから知識のみで生まれたのではない。それがいつの間にか感性をなくし巨大化した。さらに硬直化しよどみ腐敗している。

新しき文明・文化を求めるには、かつて人が生き生きと活躍し、神々と共に暮らし心が躍動していた時を思い起こすのがよいかもしれない。それには今に残る文化遺産を見つめ直すしかないかもしれない。

多くの文化遺産についての書籍が出版されている。しかしその多くはその遺産の外観を詳細に述べるか、歴史的な研究をしているにすぎない。文化遺産を見直すのは外観や遺産の歴史を知るためではない。新しい文明と文化を創出するためにであり、人の生き方をみつめるためである。そのためには文化遺産を生み出した人々の声を聞かねばならぬ。

文化遺産は歴史のなかの何をわれわれに語りかけてくれるのであろうか。古き文化遺産が語りかけてくれる心の世界は、われわれの未来の方向を指し示す羅針盤たりうるのであろうか。そしてなによりもその語る声が聞こえるのであろうか。

文化遺産が語りかける声を聞く手法があった。それを設計分析と呼ぶ。文化遺産を作り上げた心の世界を、作品の中核のなかに見つけだす手法である。心の共鳴があれば文化遺産はきっと語りだしてくれるとおもう。

しかしそのまえに、われわれがすでに身につけたやっかいな常識は取り払わねばならない。現代人がもっとも進歩した人類であるという常識を取り除いてみよう。そして古き人たちに対する敬意をもてば、ひとりでに心は通じてくるはずだ。

心の世界

新しき酒は新しき革袋に

時代は変わろうとしている。新しき文明が渇望《かつぼう》されている。鎧《よろい》を脱ごう。重い刀や槍は捨てよ。現代文明は巨大科学技術のうえに地球そのものを食い尽くそうとしている。しかも心をなくし、知的偏重によって硬直し腐敗している。現代を指導すべき知識人の堕落は見ていても恥ずかしい。現代の教養は人を知識のみで評価してきた。そしてその教養は新しき文明の創出には役立たず、かえって障害となる。新しき文明の誕生を求め古き人々の声を聞いてみたい。文明を創造してきた人々の声の凝縮が、文化遺産としてわれわれに残されている。文化遺産は硬直化していく文化に対して、新しき息吹《いぶき》をわれわれに感じさせるものである。古き人たちの心の世界に触れ、その創造力を感じ取れたならば道は開けるかもしれない。

文化遺産は語りかけている。しかしその声を聞くには重き鎧を捨てねばならぬ。心のなかの堅い鎧を捨て去ろう。現代科学は真実にせまれると信じられてきた。しかし知性だけではもはやどうにもならなくなっている。心をともなわない科学は偏見を生み、妄想と虚偽を産みながら巨大なる腐塊となる。まず偏見を取り除くことからはじめてみよう。
心はしなやかでなければならぬ。すでに現代人は教育によって堅い堅い鎧を着せられている。鎧は心のよどみを生む。しかし心の世界には清風が吹かねばならぬ。文化遺産は絶えず語りかけている。その語りかけが、われわれの心に快い風をふきこんでくれるであろう。その風が一つ一つの偏見を吹き去り、心のしなやかさを取りもどしてくれるとおもう。

新しき世界へ向かって

そこでまずもっとも古き石器時代の人類の遺産・アルタミラ洞窟壁画から訪ねてみよう。この壁画は学者という専門家の偏見によってその価値を認められなかった。現代人の奢《おごり》りともいうべきものが文化遺産の前にはたちふさがる。それらの事情を眺めていきたい。つぎに広大な地上絵のあるナスカを訪ねて心の世界に触れてみよう。心の広さがこの地上絵に表現されているようだ。

われわれの常識のなかで最大のもの、それは進化論である。それは現代のわれわれがもっとも進歩した人類であるという錯覚である。この常識を生み出したのは、ダーウィンが提唱した進化論であるとおもう。しかし本当にダーウィンがそんな常識を生み出したのであろうか。確かめておくべきであろう。

そして文化遺産の声を聞くために、心の世界も眺めてみたい。心の世界を眺めることはできるのであろうか。かつてこの心の世界を求めて中国に渡った僧がいた。空海である。

この空海のもたらした密教から心の世界が見えるかもしれない。

文明の誕生・アルタミラ洞窟壁画

息づく野牛

天井を見上げると凹凸の岩のなかに、多くの野牛が潜《ひそ》んでいた。歩いてみたのではわからなかった。何かの色が天井の岩に着色されているということだけだった。しかし寝ころんで改めて見上げると、そこには生き生きとした多数の野牛が息づいていた。いろんな野牛がいる。丸くなっている物は凸部に表現されている。平らなところにも描かれている。思い思いの形を取っていた。

これは三重県のパルケ・エスパーニャにあるバベル城のアルタミラの洞窟《どうくつ》壁画を見たときの印象である。洞窟壁画は精巧な模型でできていて、その模型の壁画を見た時の驚きと感動である。

潜　む　野　牛

アルタミラ洞窟壁画の写真はこれまで何回も見ていた。しかし私がここで驚いたのは実物そのままの洞窟内の天井画を見たからである。模型であるが実物大で、かつ天井の膨らみをそのままに活かしていたからである。

平面的な写真の絵ではたんなる絵の鑑賞に終わっていた。しかしこの洞窟内で、岩の凹凸をうまくいかして動物が描かれているのを見て、これが美術という分野でのみ考えるのは間違いだと感じた。

壁画の発見

中学の英語のテキストにも洞窟内で少女が野牛を見つける瞬間の有名な話が記載されていた。一八七五年に、スペインの洞窟を在野の考古学者、ドン・マルセリノ・サウトゥラが調べていたときのことである。父親の発掘に退屈した娘のマリアが洞窟内を歩いていたときのことである。

「見て、お父さん！　牛の絵があるわ」

これがアルタミラ洞窟壁画発見の最初である。洞窟の高さが低い。高さ一・二メートル程度。だから天井の絵を見ることができるのは背の低い子供のほうがよかった。

この発見は大ニュースとなってスペイン中を沸かせた。しかし、しばらくの時をあけて、この絵が偽作《ぎさく》であるとされた。この絵のどこが偽作というのであろうか。学問の権威は、無知と傲慢《ごうまん》さによって成り立っているのかもしれない。

偽作説

アルタミラ洞窟壁画が現代人の偽作であると権威《けんい》によって決定された。この間違いは一二〇年前のことであるからか。いやどんな時代でも一つの権威によって動かされる風土は変わらないと見える。現代の風土のほうがより危険な気がする。

このときの偽作決定の経緯を述べている本があった。ダグラス・マゾノウィッツ著の『世界の洞窟壁画』である。それによると発見者のサウトゥオラは有名な考古学者であり歴史家であったが、偽作を永存させようとしていると非難されている。彼のこの壁画の発見を世界のほとんどの歴史家が、馬鹿げたこととして取り上げなかったのである。

その著が伝えるところでは、「原始的で猿程度の知能しかなかった先史期人類が、このような傑作を生みだすとは考えられない。周辺で発掘された人工物は原始的なものでわれわれの想像する古代人のイメージとぴったり合う。しかし、絵は明らかに違う」という。さらに一万五〇〇〇年以上も前の旧石器時代の人類が、今日まで色彩が残る絵具を持っていたとは、考えられないともいう。

結論として学界の権威はつぎのように表明した。「これらの絵には石器時代の特徴は見られない。アッシリアのものでもフェニキアのものでもない。これは近代画を学んだ人にだけ描写ができる表現である」。一方的な反論が続き、アルタミラ洞窟壁画が認知されたのは、発見から一五年後、フランスのいくつかの洞窟から壁画が見つかり、住居跡の発掘で年代が判明してからである。しかしそのときすでに発見者のサウトゥオラは失望と不遇のなかでなくなっていた。

偏見

偽作説を唱えた学者達には、多くの偏見があった。偏見の第一は、古代人には傑作は生まれないという偏見である。当時の学者は、この野牛の絵を偽物であり、古代人には描けないという。そして近代人が描いた物と判断した。どうしてこの偏見が生まれたのか。現代人の絵が良くて、原始人はうまくないといえるのか。

学界の権威や批評家がアルタミラの絵を偽作としたことに憤りを感じる。権威というぬるま湯にひたっているものが、いかに判断ミスをするかのいい例だ。それは学界という目に見えぬ風土があったのであろう

アルタミラの洞窟壁画が現代人に描けるのであろうか。絵を職業としている現代の画家でさえもこの野牛の絵は描けない。まして一般のものにはとても描けない。あの洞窟の凹凸を用いた空想力はすでに消失している。となると絵のことについては現代はとても進歩

しているとはいえないことになる。

いったい現代人の幾人がこの絵をイメージできるのであろうか。たとえ描けなくともいい。とにかく心のなかに何かを鮮明に描ける人が幾人いるであろうか。その場で写生するのではなく、生きて動いている生き物をハッキリと心に描き、それを洞窟で、それも岩の凹凸を生かしながら描くのである。生活のために描くのではない。心の豊かさがなければできないことである。

文明誕生

絵を描ける。それこそが文明・文化の誕生ではないのか。洞窟壁画が生まれた三万年から一万年前にすでに文明は誕生したといってもよいとおもう。文明の存在証明は、物質的痕跡・考古学的発見を必要とするらしい。しかし物質的根拠がなくても、心の文化は生まれていると推定できる。この当時の文字は発見されていないが、しかしこの素晴らしき絵を描けるならば、すでに文字を使用していても何ら不思議ではない。また文字の使用がなくても充分に文明の世界であると感じ取れる。文明が技術で文化が心だとしてもそれは一体のものである。文化があれば文明も生まれていた。この想像力豊かな古代人が一つの豊かな文明と文化を築いていても驚くべきことではない。今日の現代人こそ、心の文化を創造する能力が喪失した人類ではないかとおもえる。

考古学的にはこのアルタミラやフランスのラスコーの洞窟壁画は、現代人の直接の先祖であるクロマニヨン人の描いたものとされる。脳科学的には前頭葉の発達によって知的な発達がめざましい新人類の誕生なのである。彼らは技術を習得し狩猟にたけ、やがて武器を持ち、同種族を殺傷する残忍な生き物であった。このアルタミラ洞窟壁画の描かれた野牛達もいってみれば彼らが狩猟し、殺してしまったものたちの絵であることには違いがなかろう。われわれの文明、ことに現代の西洋文明は、残忍な武器によってあらゆる優しき他民族を制覇してきたことは事実である。

しかし悲観ばかりはしておれない。このクロマニヨン人によって滅亡されたという古き人類・ネアンデルタール人の心をも現代人は持っているものとおもわれる。心はどうも層状に積み重なっていて、時と場所によって違った層の顔を見せてくれる。ネアンデルタール人はどうも優しき心の所有者であったようだ。数年前にＮＨＫの『脳と心』という番組が放映された。それは美しい花が画面一杯に咲き乱れていた。

ネアンデルタール人の心の話であった。イラク北部の山中のシャニダールという洞窟で、人類学者ソレッキ教授が四万五〇〇〇年前の地層を発掘していた。それはネアンデルタール人の遺跡であり、その人骨化石のかたわらの土には花粉が出てきた。深い洞窟に花粉はないはずであった。花粉は八種類の薬草であり、タチアオイやアザミであった。花粉は死者の上半身に集中しており、花束をつくって胸においたと考えられるという。この花粉について近年疑問がでているが、心のやさしさはすでに生まれていたとおもう。

仲間の死は悲しみと優しい心を生んだにちがいない。優しき心はまだ現代人にも受け継がれているとおもいたい。時に一九九七年八月末、イギリスのダイアナ妃の自動車事故の悲報が届いた。軍艦と銃によって世界を制覇したイギリスの国民の多くが葬送の前に涙し、無数の花束を献じたという。われわれの心の奥に、この残忍さと優しさが沈潜する。

現代人は矛盾しているのかもしれない。残忍な武器を作り続ける文明を築くなかで、花を愛し、生き物を愛す文化を育てている。文明が残忍な技術で文化が悲しさと優しき心であるかもしれないが、それは必然的に相矛盾する。現代はその残忍さと優しさが離れすぎてしまったようだ。

アルタミラの洞窟壁画は狩猟という残忍さとそれに対する悲しみとによって生まれた。死という深い悲しみのなかに心が生まれ、それが長く残る偉大なる絵を描かせることになった。残忍さを悲しみと優しさで癒《い》やしてきたのが新しき人類なのである。新しき人類の相矛盾する文明・文化の誕生である。

コンドルの目で・ナスカ地上絵

地上に巨大な絵が描かれている
空に飛ばないと見えないという
そこで宇宙人説が生まれる
そうではない
人の心はこの地上絵を
心の中に浮かべることが出来る
地上を鮮明に描き出すことができる

大空からみる地上絵

ナスカの地上絵の巨大な絵が多くの写真とともに紹介されている。南米ペルーのナスカの砂漠地帯に巨大な地上絵、猿や大鳥などと無数の直線が描かれている。しかしまだその意味が解かれてはいない。それは空中からしか全体が見渡せない絵であるから。現代人は生物的な意味の目でしか物を見ることはできぬという。そうかもしれない。ながいあいだ心の目というものを忘れていたわれわれである。

しかし古代の人々は心の目をもっていたはずだ。心の世界の中で大空を飛んでいた人がいたとしても不思議ではない。

心の目

地上絵は心の目で見えるものかもしれない。では心の目で見たことがあるのであろうか。われわれが南米の大鳥・コンドルになって空を飛ぶのは夢なのかもしれない。けれどナスカ人は、もっと積極的にコンドルに感情移入したのであろう。コンドルになって大空から地上を見るのである。その光景をきっと心のなかで描いていたとおもう。人の能力はそれができる。現代人もできるのである。外に出て大空をあおぎ、その大空から地上を見ているとイメージしてほしい。すっと空からの光景が目の前に出てくるかもしれない。

目を閉じていると、意識は鮮明なのにいままで見たことのない映像がハッキリと描かれることがある。私が電車に乗っていた時のこと。西日を背に浴びながら目を閉じると、西洋風の町並みが鮮《あざ》やかに浮かび上がってきた。鳥が空から見るような景色が心のなかに浮かび上がってきた。閉じた目のなかに映るのがおもしろかった。

塔があり大きな大建築が映り、細かなディテールまで浮かんでくる。外壁は煉瓦色で、窓枠は黄銀白色であった。その画面がゆっくりと動き、町全体の家並が映っている。なぜ見えるのだろうと不思議におもう意識もあった。

こんな日もあった。机に向かって目を閉じていると、意識は鮮明であるが、映像が浮かび上がってきた。大きな貝のなかに音楽会場があり、一つずつの椅子が鮮明に見える。その椅子が立ち上がって家となる。また椅子に戻る。大きな大きな空間が映像として鮮明に浮かんでいた。

心というか、脳の働きというか、このような能力が人にはあるのです。絵を描くということは頭のなかの真っ白いキャンバスに、すでに心のなかで描ききった映像を描くものです。それと共通する何かがあるのです。

感情移入

大鳥・コンドルの目で地上絵を見ればよい。ではコンドルになるにはどうするのか。京都の等持院の庭を歩いていたときのことである。庭を巡りながら、蝶が舞い、ミズスマシが泳ぐのを見ていた。鯉が水中をゆったりと泳ぐのも眺めていた。するといつのまにか私が蝶になり、ミズスマシになり、鯉になって泳いでいた。水中の鯉になれば、水の中から地上を眺めている。まわりの景色が変わってくる。

これが感情移入なのであろう。これって悟りに近いのかもしれない。生き物との共生には大切かもしれない。感情移入は、その気になれば誰でもできると思う。静かに、そして、ちょっとコツがいるようだ。相手の気持ちになって、そのなかに入り込むのだ。

そういえば、中国の太極拳の形は龍や鳳凰や熊や猿である。動物の心から入り込むのであろう。蝶や鯉になるのが少し違うのは、目の前の生き物になるというところかな。

地上絵とは

謎多く人を引きつけるナスカの地上絵は何であろうか。天体の運行を追い求めたものであり、星の星座を形取ったものであり、人の儀式の場であったとしても良いとおもう。人は心の奥底の世界を地上にまさに表現したのである。

心の世界は自然界とともにあったのである。まずは輝く太陽であり、太陽の昇る方向を表わすべきなのである。それは冬至の太陽の時もあったろう。太陽の再生をあらわす時でもある。勢いのある太陽を願う時でもある。満月の方向を表現した時もあったとおもう。

そして星の一団の輝きを星座として見つめたときもあったはずである。その星座の輝きが心の世界に住む鳥であり猿であり蜘蛛《くも》にもなった。

地上絵の最大の謎とされるのは、その絵が空からしか見えないとされたからである。空からしか見えない絵をなぜ描くのであろうか。描き方は解ったようである。しかし空からしか見えない絵は謎として残っている。宇宙人説は消えたとしても、気球説が残るのはそこにある。

人の心は見えないものを心の目で描くことができる。心のなかに想像することができる。一筆書きの絵であれば、それは容易なことである。地上絵はその線が浅い溝になっているという。そこをゆっくりと歩いてみればよい。すぐには心に浮かんでこないにしても、やがては猿の像も蜘蛛も鳥も浮かんでくるであろう。心の世界に焼き付いた像は、また浮かんでくるものである。

地上絵は謎ではない。それは人の心の世界を大きく描きあげた文化遺産である。人は不安のなかに自分達の位置づけをする。ペルーの人達は、それを天体のなかに見いだした。それは、夜の星であり、月であり、太陽である。

心の世界の優しさは自然のなかの鳥や猿や蜘蛛である。地上絵は人の心の世界にある宇宙と自然と人との一体感を表現したものといえる。

逆行の進化論

偏見の進化論

古代人より現代人が優れているという考えのもとに進化論が存在する。進化論といえばC・ダーウィンが『種の起源』で提唱した進化論がわれわれの心に刻み込まれている。しかしダーウィンが考えた進化論と現在われわれの考える進化論が一致するのであろうか。ダーウィンが人類がもっとも進歩発展した生き物と考えたのであろうか。また人類のなかで古代人より現代人が進化し進歩したと考えたのであろうか。現代文明が頂点であるかのごとく考えるわれわれの傲慢さを、ダーウィンの進化論が支持してきたのだろうか。もう少し考える必要があるであろう。

進化論はダーウィン以前にも以後にもあったのであるが、ダーウィンの進化論が現在のわれわれの考えの基本になっているような気がする。そしてその考えにおいて大きく二つの異なった評価をしたい。

一つは、キリストの聖書にもとづく、すべての生き物が神によって創造されたという固定観を打破したという点である。設計分析の立場からも、新しき文明への創造においても羅針盤となるべきものであるとおもう。

二つ目は、進化論の結果として、人間がすべての生き物の進化の頂点に立つものと解釈されている点である。これは進化論を都合よく解釈している偏見である。もともと科学において実証性が重んじられ理性が重んじられるはずである。しかし進化論という考えのなかに大きく進歩発展という価値判断が含まれてしまっている。

すでに述べたアルタミラの洞窟壁画において古代人は幼稚であり、立派な絵画は描けないという偏見があった。そして、とうとうその壁画を偽作と断定してしまったのであった。一八七〇年代のことである。それはダーウィンの『種の起源』の刊行が一八五九年であり、進化論の論争が決着してからである。

ビーグル号

自然淘汰《とうた》を主に進化論の考えを生み出したダーウィン（一八〇九〜八二）はイギリスに生まれ、子供の頃から昆虫採集などの博物学に興味を持つ。

ガラパゴス諸島のビーグル号

そして彼が進化論を考えた端緒が若き日の世界周航の旅であった、イギリス海軍のビーグル号での調査である。

ビーグル号の航海で、彼は南米から太平洋の島々の自然の探求に励んだ。それらの自然がダーウィンに語りかけたものは何であったのであろうか。それは、生き物すなわち動物と植物はその環境によって形を変化し展開するということであったろう。風土は自然と生き物とのかかわりのなかで展開するものであると感じたのである。

ビーグル号でダーウィンの進化論にもっとも決定的影響を与えたのはガラパゴス諸島であった。この諸島は太平洋にあってそれまでは時たま海賊が訪れるのみの島々であった。この島には多くの生き物が生息していたが、ダーウィンが特に着目したのが陸鳥のヒワfinchesの群であった。この群島にはヒワが一三種類生息し、その形態がことごとく微妙に違っていた。たとえば嘴《くちばし》の構造はその島の食べ物を取るのによく適した構造になっていた。あるいはここに生息するゾウガメも同じく、その島によって甲羅の模様も違っていたのである。

このことからこの群島に生息する生き物の種の変化は、同一種類から長い時間のなかで変形してきたものであると読みとっている。それが進歩であるという思いはなく、進化論はまだ生まれていない。

つぎに人間についてダーウィンはどう考えていたのであろうか。同じくガラパゴス諸島の鳥達は人になつき人の手や帽子に止まるほどであったという。それをダーウィンは、「人が自然の生き物にとってもっとも危険な動物であるということを鳥たちはまだ知らないからだ」と語っている。まさに残忍なクロマニヨンの直系の現代人である。このように人が危険な動物だとする認識を持つダーウィンが「人類が進化の頂点である」と考えるであろうか。まったくわれわれの進化論の認識は逆行しているのである。

進化論の虚構

ダーウィンが著わした『種の起源』のなかにはまだ進化という言葉は見当たらない。ダーウィンが考えたのは変化であって進化ではない。しかも現在進化とは英語のエヴォリューション（evolution）の訳であって、それは展開と訳すべきであろう。進化という発展進歩の観念は後に社会的要請によってつけられたのである。

現代人の進化論は西洋人が武器を持ち、すべての大陸を征服し植民地にしたときからはじまっている。現代人が頂点でなく、白人が頂点であるという考えを進化論に添付している。それは宗教においてもキリスト教が最高であり、多くの神々がある宗教を原始宗教と位置づける。なぜこうも単純に西洋人が作り上げた進化論の虚構を日本人は信じてしまうのであろうか。しかもそれが教養を積み上げればよりひどくなるのはなぜなのであろうか。ダーウィンのもっとも大きな功績は硬直化した教会の教えに対し、自然の声を聞いたことにある。教会という権威に反し、自然の声を素直に聞き分けることのできる人であった。しかしダーウィンの教えの流れを汲む現代の学者達が、逆に権威となり偏見の科学を作り上げてしまう。

自然から学んだダーウィンの進化論は自然の声を聞いていた。逆行した進化論は後世の権威が作り出したものである。この結果、古代人よりわれわれ現代人が進化し発展しているという考えはまったく何の根拠もないものなのである。

空海と曼陀羅

空海の風景

東寺にある両界曼陀羅《まんだら》図をみた。胎蔵《たいぞう》界と金剛界の大きな二つの曼陀羅の図である。密教でいう心の世界をあらわしているという。文化遺産から聞こえてくる声は心の世界からの声であろう。とすると心の世界をおよそ眺めておくほうがよい。曼陀羅図は心の世界を眺めるに、もっともわかりやすい全体図が提出されている。ただこの曼陀羅図を、われわれの心の世界であると感じるのはまだ無理である。胎蔵界という世界の中心に大日如来が描かれ、その大日如来を取り巻いて多くの仏が描かれている。それがなぜ心の世界のすべてなのであろうか。

大日如来をこの宇宙の中心とするのが密教である。その密教を中国よりもたらし完成さ

胎蔵界曼陀羅図（東寺蔵）

せたのが空海である。平安時代の初期に現われた空海は、四国の讃岐の国に生まれ、奈良で学び、やがて山野を歩く。心の世界を求めていたのだと思う。やがてその空海は密教を知り、正当密教を求めて中国に渡る。中国、唐の時代、密教の正嫡・恵果《えか》からそのすべてを学び取る。恵果より空海へと文化の伝播《でんぱ》が速やかに起こるが、それは奇跡に近かったようだ。わが国に帰った空海は恵果からの密教を完成し、東寺、高野山にて布教する。そして今なお弘法さん、お大師さんと呼ばれ多くの人々の信仰を集めている。

その空海を見事に表現した小説があった。『空海の風景』であり、私の好きな作家の筆頭・司馬遼太郎の作品である。私はこの『空海の風景』に出会ってはじめて仏教や心の世界を漠としながらも感じ取れたような気がしたのである。宗教の専門家が書いた書籍はほとんどわからないし、つまらない。専門家が述べているのは事実の羅列であって、つまらないのはどうも専門家自身が、心の世界を本当はわかっていないからなのであろう。

司馬氏は空海についての直接的な説明はしていない。空海を取り巻く風景を述べることによって空海と仏教や、その発展した密教を感じさせてくれる。その作品から感じ取れた名文を取り混ぜながら心の世界を少し述べてみたい。

「密教は古代のインドから生まれたものであるが、そのはじめを原密教というこ とばをつかうと、それはもともと古くから存在した魔術にすぎなかった。古くからの土俗魔術や呪術、マジナイをあつめたインドにおける密教創始者は、それらのカケラのむれを溶かせつつ、巨大な宇宙の構造の体系をつくりあげたという。さらにいえば、生命というこの具体的なものをふくめて、宇宙に実在するあらゆるものが一つの真理のあらわれであるとし、それをもって密教の諸仏諸菩薩諸天としたことであるにちがいない」と司馬氏は述べている。

少し解説しておくと、曼陀羅図に描かれている仏達は、魔術とか呪術《じゅじゅつ》とか、あるいは生命とかをすべて大きな炉にいれて溶かし、そこから結晶として輝きだした真理の姿であるらしい。だから曼陀羅図は心の世界の結晶化された姿を仏として描き出したものなのである。

密教の世界

少し難しくなりすぎたかもしれない。そこで私の魔術のカケラの体験を少し話そう。太陽が落ちる黄昏《たそがれ》、花の咲く森のなかを歩く。足音と森のささやきがあり、森のなかは薄暗いが木々の一つ一つが浮き上がってみえる。一本の大木が揺れながら大きな大魔王になって語りかけてきた。恐くはないが胸がさわいだ。黄昏時は昔から逢う魔が時とされ、魔が心に入ってくる時間である。

インドの森には魔というものが多く住んでいたのかもしれない。インドで生まれた密教は、心の世界が自然のすべてを包含していることを教えてくれていそうだ。さらにいえば、魔術をもそのなかに溶かし込んでいるのである。魔術も心の一部なのであろう。

さらに釈迦の仏教と空海の密教の違いを司馬氏の話から聞いてみよう。「人間も犬もいま吹いている風も自然の一表現という点では寸分かわらないということを知ったのは大乗仏教であったが、空海はさらに抜け出し、密教という非釈迦的な世界を確立した。密教は釈迦の思想を包括しはしているが、しかし他の仏教のように釈迦を教祖とすることはしなかった。

密教は大日という宇宙の原理に、人間のかたちをあたえてそれを教祖としているのである。そしてその原理に参加――法によって――しさえすれば風になることも犬になることも、まして生きたまま原理そのものに――愛欲の情念ぐるみに――なることもできるという可能性を断定し、空海はこのおどろくべき体系によってかれの同時代人を驚倒させた」。

私が気に入ったのは、今吹いている風にも犬にもなることができるというところである。ここから、一歩前に進む人と、おかしいと思う人があると思う。とりあえず、そんなこともあるかもしれない程度で先に進んでほしい。

不二（ふたつならず）

密教はインドで生まれたが、二つの系統がある。二つの流れのうち、中インド生まれの金剛智が金剛頂系をつたえ、東インドのオリッサ地方の生まれという善無畏《ぜんむい》が、大日経系の密教をつたえた。そして二つの系統は中国の唐の時代に出会うことになる。空海の師・恵果である。中国僧・恵果は西域人不空より金剛頂系を、善無畏の弟子の玄超から大日経系の密教をことごとくゆずられたため、彼は密教史上最初の両系の継承者となった。

この両系統の継承者の恵果の後を受け、両部の完成は空海がおこなうことになる。空海が完成した密教の理論は、両部不二《ふじ》ということであった。両部とは、精神の原理を説く金剛頂系の密教（金剛界）と、物質の原理を説く大日経系（胎蔵界）の密教をさす。あるいは知恵と慈悲をあわせもつことを説いているのかもしれない。賢い理性だけでなく、生命にやさしさのある感性を求めているともいえよう。この二つは、二にして一であるとして、空海はインドにおいて別々の発展をしてきたこの二つの密教思想を、一つの大きな炉の中で再び溶かし結晶化し論理化したのである。

密教は心の世界を曼陀羅図によって描いてくれた。そして空海は精神と物質の二つが一つのものであることを説いている。両部不二は現代文明が物質のみの原理であることを諭してくれている。心に理性と感性があるのならば、科学という理性のみに偏らず、感性の世界をも取り入れねば新しい文明の創出はないというのが両部不二であるとおもう。

明　星

青年の空海にとって衝撃的なできごとが四国の室戸で起こった。海辺の洞窟で心を求める空海に、明け方、水平線の向こうから明星が動き、みるみる洞窟に近づき空海の口の中にはいる。ここに空海と自然との一体があった。この衝撃こそが空海をして中国への遣唐使船に乗り密教を求めさせたものであろう。

胎蔵界曼陀羅図を見ていると、宇宙の原理の中心に大日如来が描かれている。宇宙原理は風のなかにも、池の鯉にも空を飛ぶ鳥にもあらわれるのであろう。すでに述べたナスカの地上絵で、鳥になって地上を眺める感情移入の話をした。鳥になれば地上の絵が眺められるという思想は密教的なのであろうか。あるいは魔術的なのであろうか。

文化遺産が語りかける声を聞くには、密教的な心もあったほうがよい。あるいは鳥になり樹木にもなり、巨石にもなれば、文化遺産はより大きく響いてくれるであろう。さらにいえば空海その人にでもなれば宇宙の原理に触れることもあろう。

しかしここではあまり飛躍しないでおく。心が現実から離れてはならない。まず片足は地上にしっかりと踏まえておくが、片足は空に向かって飛び出す姿勢であるほうがよい。ここでは鳥にも樹木にも巨石にも心があるかもしれない、ということにとどめてさらに先に進んでいこう。

心の世界・曼陀羅図において中心に描かれる大日如来は、われわれの心そのものでもある。文化遺産を設計し、作品を作り上げた人の心の中心にも大日如来は中央に位置する。心は文化遺産の中核に位置するという考えを持ったことがある。その考えを私は設計分析と名付けた。つぎにその設計分析について述べてみたい。

心を訪ねて

設計分析とは

心の世界をみてきた。その心の世界を訪ねる手法に設計分析がある。設計分析は作品の心を求めることからはじまる。

作品の心へ

心の共鳴

文化遺産は一つの作品として設計され創られた。心を込めて作られた作品が、年月をへてわれわれに何を語りかけてくれるのであろうか。また文化遺産は本当にわれわれに語りかけてくれるのであろうか。

作品と向かい合っていると心に感動が伝わってくることがある。それはわれわれの心に、その作品の作家の心が語りかけてきているからだとおもう。この作家の心とわれわれの心が、たとえ永い年月をへていようとも共鳴するというところが不思議である。

作品をはさんで心の共鳴があるという不思議さは、現代の科学ではまったく否定される事柄である。しかしここでの話は文学作品でいう擬人化の手法を話しているのではない。新しい文明はこの心を基礎にしてみたいからである。

今吹いている風にも、池で泳ぐ魚にも、樹木にも石にさえも心があるのかもしれない。現代人はいつの間にかその心を見失ってしまった。特に現代文明を支える科学というものは心を扱わずに、物質の法則のみを追求している。物質のみを扱うのはそれでよい。しかし物質のみの科学が、すべてを扱っているという錯覚を持ってしまう。

西洋文明

古来から人類が創出してきた文明の最大の関心は心の世界であった。あとの章で扱うエジプト文明も、ギリシア文明も、そして日本の最古の文明・縄文文明から江戸時代まで心の世界を求めてきたのである。心を無視し、おろそかにしているのは近年の現代文明だけである。心が共鳴するということを不思議とおもうのは、現代に住むわれわれのみである。

少しやっかいなのは、この心を無視する現代文明がもっとも進んだ文明であるとする常識がある。われわれが生物の最高点にいて、なおかつ現代人が最高の文明を持っているという思いこみと錯覚が誰にでも存在する。現代文明はヨーロッパで生まれた西洋文明なのである。西洋人が優越感に浸るのは、その武器がすぐれていた点である。残忍さと武器によって地球の他の優しき文明・文化を破壊し植民地としたことである。

日本人がその西洋文明を取り入れたのは明治からであり、たかだか一〇〇年の歴史である。その日本人が優しき心を捨て去って、西洋文明のあとにのっかり優越感を持っていることのほうが不思議だとおもうのだが。とりあえず、そして少しずつその錯覚を直していくように話を進めてみたい。

無意識

西洋文明の基礎に現代科学がある。その現代科学は明晰な意識によってすべてを解き明かすことができるという確信にもとづいている。科学は明晰な意識においてのみ成立する。しかしこの意識のそこに無意識があると考えた人があらわれた。精神分析学者ジークムント・フロイトであり、心の深層には無意識の層が横たわっていると考え、それが夢にあらわれていることを発見した。一九〇〇年に『夢判断』が出版された。精神分裂の患者にはこの無意識のなかで治療することが有効であった。

心の深層

中核はユングの普遍的無意識に近い

「設計分析入門」はフロイトの「精神分析入門」にちなむ

さらにその無意識のなかで人が生まれながらにして持っている無意識を普遍的無意識として考えたのが、一八七五年生まれのカール・グスタフ・ユングである。各地の古代の神話や英雄伝説などは驚くほどよく類似するが、それは人類が共通して生まれながらにもつ心・普遍的無意識によるとした。

アルタミラ洞窟壁画のところで述べた文明・文化の誕生は人類の残忍さと死の悲しみとやさしさから生まれたとした。心の奥にある思いはユングのいう普遍的無意識であろう。心に沈潜する思いはその風土によって違った顔をだす。

心は層構造になっているらしい。たとえていえば、明晰な意識は湖の表面の鮮明な風景である。しかし水中にまでは意識は届かない。水中の上部は光の当たる個人的無意識である。湖底に潜むのは普遍的無意識である。

フロイトもユングもこの無意識をもとにした治療によって多くの患者を治していったのである。心の世界は明晰な意識のみで直せるものではない。明晰な意識はたんに広大な無意識の海に浮かぶ一片の氷にすぎないのだとおもう。

さらにわれわれが生きているのは環境とのかかわりである。その環境は自然でもあり、人間の働く社会かもしれない。それらを風土とすれば、その風土の上に無意識が成長する場合が多い。たとえば日本の風土のなかで育った無意識や、特定の学界や会社の風土で育った無意識がある。これを私は風土的無意識と呼んでいる。組織のなかで育つ風土的無意識は一定の文化を創出するが、しだいに風通しが悪くよどみやすくなる。特にわが国では政治から学問の世界まで伝承の心を捨てた代償として、人は組織に埋没しよどんでいる。そのよどみは腐敗を産み硬直し、創造力の障害となる。

現代科学がその意識の上にのっかっているものに過ぎないのなら、もう一度無意識を含め、心の全領域を考えて新しき文明に向かうことが大切なのではなかろうか。古代が残した文化遺産から多くのことを学べば、心の世界に風が吹き流れるとおもう。

設計分析入門　作品の魅力を求めて、設計者の、作者の心の探訪を試みるのが設計分析である。設計分析についてのはじめての著書が『設計分析入門』である。

魅力ある作品からの訴える声を聞くためにまとめた本である。それは私が学生の設計指導から感じ取ってきたことをもとにしている。学生の心の奥にある訴える声が作品に反映されることに気付いたからである。フロイトの自由連想と似ているが、学生からの聞き出しから作品が生まれることを感じ取って生まれたものである。

たしかに明晰な意識の底に子供の頃の思い出などが無意識として横たわっている。そのの共鳴が作品をはさんで起こるのである。

無意識からの声が作品となるならば良い作品が生まれてくる。見るものと作るものとの心の共鳴が作品をはさんで起こるのである。

分析の手法

心の共鳴があるとするならば、実際にわれわれはその共鳴に参加したいとおもう。その参加の方法である設計分析の手法を話してみよう。設計分析はまず作品の設計者の心を求めねばならないとしている。設計者とは作品を作ろうと意図した王や貴族であるかもしれない。あるいは直接に作品を設計した建築家や大工の場合もある。あるいはその時代のすべての人たちの総意であるかもしれない。それらの心を設計者と呼ぶことにする。

まず文化遺産からの語りかける声を聞こうとするならば、その遺産の正面から眺めるのがよい。それは設計者が作品を作ろうとするとき、その設計者の心をなぜか作品の正面に描くからである。そして作品の正面からもっとも大きく響く声を聞けばよい。その響きこそが設計者の心であるとおもう。設計者は作品を作ろうとした意図・心を決して片隅においたり描いたりはしないというのは私の確信からきている。

中　核

作品の正面におかれ描かれる設計者の心を、作品の中核と呼ぶことにする。

文化遺産からの声を聞くにはこの中核を突きとめれば大きな響きがわれわ

れの心に共鳴する。なぜ設計者の心が、中核が作品の正面におかれ描かれるのであろうか。もう一度、空海のもたらした密教の曼陀羅図を思い浮かべてみよう。曼陀羅図の中央には大日如来が描かれていた。大日如来は宇宙の原理そのものである。心の世界の中心でもある。この曼陀羅図を知らずに普遍的無意識を考えていたユングがいた。そして心に浮かぶ風景を何枚も描くのであるが、それはこの曼陀羅図と酷似していたという。

心の深層・普遍的無意識とインドで生まれた密教の曼陀羅図が一致したという。心の中心に大日如来・普遍的無意識・宇宙の原理があるのではなかろうか。心の構造がそのようになっているのかもしれない。

設計分析で呼ぶ中核はこの心の中核なのである。文化遺産の中核から語りかける声があるとおもう。魔術をも溶かし込んだ心の結晶が大日如来であり、宇宙の原理であり、心の深層に潜んでいるのである。

はじめての試み

設計分析入門の要点

私の前著『設計分析入門』は、フロイトの著作『精神分析入門』にちなみ名付けたものである。そこで生み出された設計分析を用いたはじめての試みを述べてみたい。設計分析には中核という基本的な考えがある。中核という考えの最初は饕餮《とうてつ》からである。古代中国、殷や周の青銅器に描かれる大きな両眼をもつ饕餮という怪物がいる。この饕餮とは何かを問うことによって中核という考えが浮かんできたのである。

つぎに心の深層をよく表現し、私の心と共鳴したのが宇治の平等院鳳凰堂であった。鳳凰堂はその名のとおり大空に向かう大鵬であった。

さらに設計分析の手法を使うことによって謎多き名庭園・龍安寺の石庭を解読することができた。現在の石庭には中核が存在しないのである。そこに最大の謎はあった。

現在の作品にも設計分析を試みた。大人から子供までひきつける最大の魅力のあるところ、ディズニーランドである。この魅力のもとはやはり設計者・ウォルト・ディズニーその人の心にあった。ウォルトがつきっきりで描かせた最初のディズニーランドの鳥瞰図《ちょうかん》には心の曼陀羅図が描かれていた。

設計分析は多くの作品の魅力がどこから生まれるのかを探るために生まれた。設計者の心を訪ねることによって、新しい魅力ある設計作品を生み出そうとした。その設計分析の手法は、文化遺産の声を聞くことにも充分に威力を発揮できるであろう。

饕　餮

古代中国の怪物・饕餮《とうてつ》について考えた。中国の青銅器の正面におかれた饕餮は、大きな角と口をもつ虎のような怪獣で、とびでた両眼をもっている。その二つの目を見つめていると、新たなる世界に引き込まれそうになる。

この饕餮を従来の学者達は、悪霊を追い払い酒や穀物を護る番人であると考えてきた。しかし青銅器そのものが現代でも作れぬほどの技術であり、古代国家の最大の作品でもあった。言い換えれば、青銅器が国家事業なのである。酒や穀物とは比較にならぬ貴重品な

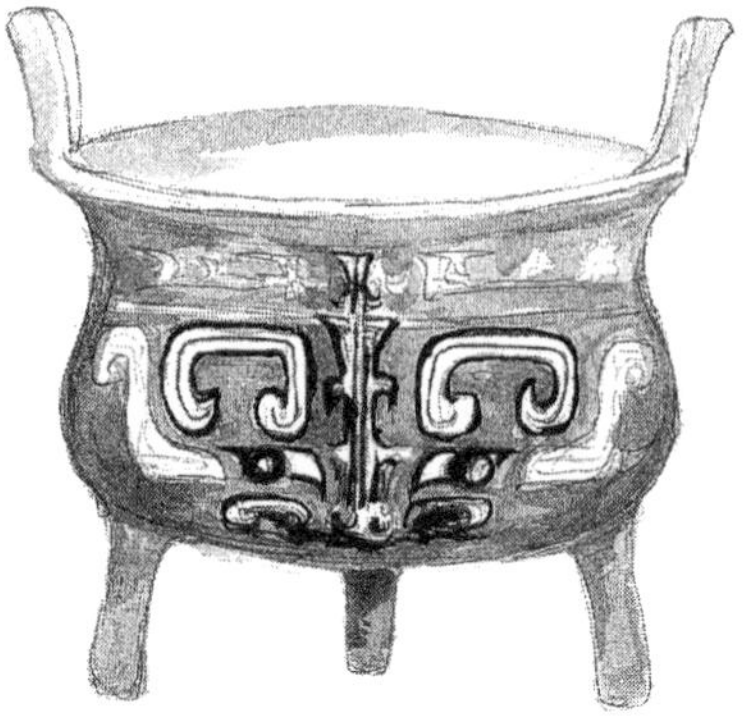

饕　　餮

龍安寺　石庭からの眺望

のである。その青銅器の正面に飾られ描かれる饕餮は、国家以上の存在であるはずである。青銅器の中核が饕餮であると感じた。制作者であり設計者である殷《いん》の王は、何代にもわたってこの饕餮の心を受け継いできたのであろう。それはどうも中国の長江から受け継いだ太陽と月を両眼にあらわした心の風土から伝わってきたように感じられた。

青銅器の中央に飾られる饕餮こそ、設計者の心・中核である。あるいは古代中国の天帝かもしれない。その饕餮の大きな両眼を見つめることによって、殷の王達の心の風景が伝わってきた。文化遺産・殷の青銅器がわれわれに語りかけていると感じた。

龍安寺　石庭

京都の西北にある龍安寺の石庭は、枯山水の庭としてもあるいは日本の庭園としてもその代表である。そしてその魅力については多くの専門家が究明し解説してきたがまだ納得ある説にはいたっていない。それは庭といっても石ばかりの庭であり、白砂が敷き詰められるなかで、一五個の景石がおかれるだけだからである。いってみれば専門家にとってどのように解釈しようとも自由なのである。

この石庭を設計分析をもとに考えてみた。石庭の前の縁台に座り、石庭を眺めたのである。設計者の心を求めたのであるが、石庭の中央は白砂だけの大きな空白であった。中核が存在しなかったのである。

心を静めて石庭全体を眺めてみた。中央は白砂を敷き詰めた大きな空白があり、それを取り巻いて大小の石が置かれている。背後には油土塀《どべい》といわれる模様のある低い土塀が水平にある。その後ろには杉と檜の鬱蒼《うっそう》とした樹林があった。静かな落ち着いた庭であるが、そこから響いてくる声は聞こえなかった。

江戸時代に描かれた『都林泉名勝図会』を見るとこの龍安寺の石庭が描かれている。その解説にはこの龍安寺の創設者・細川勝元がこの方丈から遥か南の石清水八幡宮を遥拝《ようはい》していたと書いている。創建時は石庭の後ろに樹林がなく、京の眺望がそのまま見えていたのである。

龍安寺の後ろの山に登って京の風景を眺めてみた。たしかに石清水八幡宮のある男山がはっきりと見える。そしてその背後には大阪の生駒山までが見えている。石庭の背後の樹林がなければ京の風土が目に映じるのである。石庭の中央の空白は、この京の眺望を迎えるためにあったのである。中核がないのではなく、それは京の眺望であり、設計者の心は京の眺めを愛し、源氏の氏神である八幡宮の神を敬うことにあったのである。

中核を求める

つぎの章からは本格的に文化遺産の語りかける声を聞くことにしたい。世界の文化遺産・ピラミッドから日本の文化遺産・安土城、桂離宮までである。しかし文化遺産が語りかける声は各自で違うかもしれない。心と心は多様に共鳴する。心は広くて多様である。

語りかける声はすぐには聞こえぬこともある。それは現代人が余分な常識をすでに身につけているからである。そのわれわれの常識はすぐには捨てられぬし、また良いか悪いかさえも、わからない。

そこではじめは設計分析の手法によって作品の中核を求めるのがよいであろう。中核は設計者の心であるが、その表現は作品の中央に描かれているとおもってまず間違いない。なぜ中央なのかはよくわからない。経験的に述べているだけである。おそらく心はよりその表現を中央に求めているのであろう。ユング心理学でいえば心の奥底の普遍的無意識である。空海の密教でいえば、曼陀羅図の中央の大日如来のおわすところでもある。

中核は作品の中央にある。それは眺めている正面かもわからないし、平面的に図の中央かもしれない。静かに作品に向かえば、やがて中核が見えてくる。しかしその中核は各自で違っていてもよい。そしてその中核を通して語りかける声が響いてくるであろう。

文化遺産が語りかける声は各自によって違うかもしれない。心が共鳴するのは多様である。設計分析は広い心の一部を垣間見るにすぎない。

世界の文化遺産から

心の結晶・ピラミッド

青空と砂漠とナイルの沃野《よくや》
太陽と月と星達が大空を運行する
大地を悠々と流れるナイル川から
まず多くの神々が生まれた
天空の神、大気の神、大地の神がある
太陽も星も生命の神も生まれた
鳥や虫や蛇の神もあらゆる神々が誕生する
やがて文字が生まれ思想と技術が生まれ来る

ピラミッドと上昇する神々

生と死を含む豊かな心の世界
偉大なる文明の誕生である
ピラミッドはその文明が創出した天への道
神々と人とが作り上げた心の結晶

ギザの台地にあるピラミッドは多くの謎を秘めている。世界の七不思議の筆頭にもあげられ、数多くの研究者がその謎に挑戦してきた。しかしいまだその謎が解けないのはなぜであろうか。古代エジプト文明は心の文明であった。その心の文明を物質で実証する科学では解けようがない。

ピラミッドのなかの最大のもの・大ピラミッドの語りかける声がはたしてわれわれの心に響いてくるであろうか。難攻不落の謎を、まずはじめに解いてみるのも面白いではないか。古代文明への尊敬と大いなる好奇心をもってピラミッドに入っていこう。

古代文明への軽視

古代エジプトで生まれた文明はギリシアから現代にまで通じる偉大なる文明である。おそらく現代の思想と科学の源はここから伝わってくる。しかし不思議なことに、現代人がエジプト文明を見る目は面白さと神秘という好奇心のみである。偉大なる文明の創出者から学ぼうとする姿勢にかけている。

たかだか二〇〇年程度の文明を謳歌《おうか》し、すでに腐敗硬直している現代文明から、古代文明を劣等視し、軽視するのはなぜなのだろうか。すでに述べたアルタミラ洞窟壁画に見られる、現代人の無知と傲慢さから来ているのであろう。エジプト文明は知れば知るほど多くのものを含んでいるようだ。しかし軽視と無知の態度からは何も答えてくれそうもない。まずエジプトの絵画から始めてみよう。

エジプト文明をあらわすのにピラミッドとヒエログリフ（聖刻文字）と絵画がある。絵画には特徴がありわかりやすい。絵画は神々の絵が描かれ、不思議な雰囲気をもたらしてくれる。神々も具体的でわかりやすい。それがなぜか文明の劣るものであると説明されてきた。絵画も彫刻もギリシアに劣るとされ、神秘的であるという好奇の目で眺められてきた。

エジプトの神の絵は顔と腰、腕、足が横を向き、目と眉、胸は正面を向いている。これを写実性がなく、技術が未発達であるとして、現代絵画からは劣る絵画であるとされた。さらに、ファラオ等を大きく、奴隷達を小さく描く技法を、遠近法を理解していないとしてきた。この結果からエジプト文明全体を劣等文化として扱ってきたとおもう。

しかしその批評はまったくエジプトの心を知らずに劣等視してきたのである。目や胸の正面向きはより心を表現し、ファラオを大きく描くのも、その世界の重要性をあらわしていたのである。現代人の無知がエジプト文明の偉大性を殺してしまったようだ。

現代絵画ではリアルな写実性を重視した時がある。しかし現代は写実でなく、心に浮かぶ光景を描き出してきたではないか。エジプト絵画は古代の神々の世界も、人々の感性も見事に写しだしている。エジプト文明を見るにその心の文明を敬意をもって眺めなければとんでもない結論になる。

ピラミッドの風景

大ピラミッドの語りかける声を聞くために、まずその風景から眺めていきたい。エジプトの首都・カイロの街角からは、どこからでも遠くであるが三大ピラミッドを見上げることができる。ナイルのほとり、沃野の平地に住む古代エジプトの民の目にもピラミッドはいつも見上げることができたであろう。そしてそのピラミッドは、古代から現代までわれわれに絶えず建設時の祭りと儀式と技術の世界を語りかけているのではないであろうか。

ピラミッドの遠景は、カイロの高層ホテルの窓からである。煉瓦造りの建物が並び、街路樹の椰子《やし》の葉が連なっている。遠くに目を転じると西の方、夕焼けのなかに、三角の形状のピラミッドが小さく黒く三つ並んでいた。明くる日はあの四〇〇〇年の歴史を誇るピラミッドの前に立つはずである。フランス革命の英雄・ナポレオンがピラミッドの立つギザの大地の近くで戦いを前にして兵士に叫ぶ。「兵よ、ピラミッドの頂上から、四〇〇〇年が諸君を見ている」。

事実、ナポレオンは歴史が好きであり、エジプト遠征に一大学術調査団を同行する。遠征軍が学術調査団をともなったというのは、人類の戦史のなかで、このエジプト遠征軍のみであろう。そしてこの調査団の厖大な報告書『エジプト誌』が、後にエジプト学を生み、今日の古代エジプトの基本資料となっている。

早朝、バスに乗り込んでピラミッドに向かう。町を走ると急な坂道を上ることになる。平地から坂道を登るのはギザの台地への道なのであろう。ナイルの水が届かないところは、植物も育たない。ピラミッドはそんな植物が生育しない砂漠が始まる台地の上にたっていた。

遠くから近くに、ピラミッドの正面に立った。巨大な石の山がそこにあった。巨石を積み上げた正四角錐。そこは丘の上でありナイルの沃野からはずれたところ。砂漠の中ではなく、緑の沃野と砂漠の始まりの位置にある。いわば生と死の境界にピラミッドはあった。

この巨石で積み上げられたピラミッドを見ていると、圧倒的な圧力が心に響いてくる。

何かを内に閉ざして守護している。そのままではかたくなに心を閉ざして語ろうとはしてくれない。ピラミッドの形状は、その頂点をまっすぐに天に向かっているようだ。

内部にはいる

外部から見るだけでなく、さいわいにもわれわれは大ピラミッドの内部を観ることができる。内部には多くの斜路があり、広間がある。心の内部を観ているようなそんな気分にさせられる。

大ピラミッドの北面に、かつて盗掘のためにあけたカリフ、アル・マムーンの穴がある。その穴から内部に侵入することにしよう。暑い夏の熱気から、巨石で積み上げられた内部にはいったのであるが、この内部でもすごい熱気がする。しばらく熱気の充満する曲がりくねった狭い通路を歩く。すると建設時の正規の細長い通路に出会う。

細長い通路は上り坂であり、上昇通路と呼ばれる。この通路は木製の簡単な階段が現在は設けてあって、かろうじて登ることができる。しかし、当時はこの階段がない。登るのでなく引き上げるのでなければ上昇しがたい。

やがて急坂の大回廊と呼ばれる大空間が待ち受ける。傾斜角二六度一六分の大回廊は全長四八メートル、幅二メートル、高さが八・五メートルである。その構造は七段のせり出し構造で巨大な重量を支えている。この大回廊のはじめ、上昇通路との接点は底面が接続されているのではな

ピラミッド入り口とアル・マムーンの穴

スフィンクス

く高い段差がある。それは人が登ることを明らかにとどめている。この大回廊が大きな謎の扉のように感じた。

この大回廊の先が、ピラミッドのほぼ中心に位置する王の間である。王の間の上には五層の天井の構造をもつ重量軽減の部屋がある。大ピラミッドの石の巨大な重量を軽減するための構造であるという。

王の間の片隅にくりぬきの石棺といわれるものがある。ピラミッドが王墓であるという大きな根拠がここにあった。しかしこのなかには当初から何もなかったようである。このくりぬきの石の棺は何のためのものなのであろうか。

スフィンクス

巨大なライオンがピラミッド群を護るかのようにナイル川の方向、真東に向いて彫られている。しかもエジプト王・ファラオの顔をもつスフィンクスである。百獣の王・ライオンとエジプト王の合体が何をあらわしているのであろうか。

このスフィンクスは映像で映されるときは、その背後にカフラー王の第二ピラミッドを背後にしている場合が多い。そのためスフィンクスはピラミッドの守護神と永く考えられてきた。しかし近年の研究ではスフィンクスはピラミッド群より相当古くからつくられたとしている。またスフィンクスは石で建造されたのでなく、自然石を彫りだした物であるとされている。

ピラミッドとスフィンクスは年代的に隔たっているが、後で建造されたピラミッドは、このスフィンクスとは大きな関連があると見たほうがよいであろう。というのもその方位との関連から見ても、建造年代の違いがわからないほどに溶け合って存在しているからである。そしてもし関連がなければ、巨大な建造物・ピラミッドのためにはスフィンクスは取り除かれていたはずだからである。

スフィンクスは石の神であったかもしれない。ピラミッドはあまりにも抽象的形態である。ピラミッドの声を聞こうとすれば、スフィンクスとの響きも聞かねばならないであろう。

大ピラミッド

古代エジプトの巨大建造物、いわゆるギザの三大ピラミッドが語るところを調べてみた。このピラミッドの最大の物が大ピラミッドである。大ピラミッドは第四王朝のクフ王によって建造されたといわれている。今からおよそ五〇〇〇年前の建造である。底辺の長さが二三〇メートル、高さが一四四メートルに達する。花崗岩の石材で積み上げられ、かつては表面が石灰岩の化粧板で覆われていたという。

大ピラミッドの南に第二ピラミッドがあり、カフラー王の建造とされている。第三ピラミッドは少し小さくメーンカフラー王の建造であるとされている。これらの三大ピラミッドは北東から南西に順に建てられている。そして巨大なスフィンクスがピラミッド群の東に位置している。

他にピラミッド周辺には葬祭殿、流域神殿、参道などをともない、ピラミッド・コンプレックス（ピラミッド複合体）と呼ばれている。

ピラミッドの従来説

大ピラミッドについては、古くから世界の七不思議の筆頭にあげられ、多くの関心をあつめてきた。それは底面が正方形の角錐形の巨大建造物が、何のために建てられたのかさえわからないからである。王墓の説があり、天文台の説があり、儀式の場の説、死者の書の立体表現説があるなど多くの説が浮上している。それらの従来説はそれほど多く浮上し、かつ消えていくのであろうか。そのなかに的を得ていたものはないのであろうか。

ピラミッドはわれわれにとって不思議な物でも、当時のナイルの沃野に住む人々にとってはその形から、鮮明に心に響く何かを指し示していたにちがいない。ギザの台地は古代エジプトの人々が住み働くナイル川からは、近くからも遠くからも明瞭に目に映じてくる。

そしてそこに精巧な建造物、力の結集のピラミッドが存在する。エジプトの民にはいつも訴え語りかけていたピラミッドである。

大ピラミッドはエジプト文明のすべてをあらわしているにちがいない。従来の多くの説は、この大ピラミッドが語りかけてきた一つの単語であったのかもしれない。それらの単語をつづれば物語はできあがるかもしれない。すべての単語を溶かし込んで、そのあとに現出する結晶体が大ピラミッドのような気がする。

神々の指紋

ピラミッドについての説得力のある説が近年登場してきた。グラハム・ハンコック著の『神々の指紋』である。「二〇〇トンもの岩を軽々と持ち上げて組み上げ、ピラミッドのような建造物を驚くほど正確に、天文学的に配置したのは誰か」という問いかけをする。そして、南米のマチュピチュの石積みの精巧さは一万二〇〇〇年前の文化という。エジプト文明もそうだという。

私が関心を抱いたのは、『神々の指紋』のなかで指摘されている正当エジプト学者の年代確定法であった。ギザの大ピラミッドがクフ王の建造であるという根拠も、相当ないい加減さをもっているようだ。

ピラミッドのなかには何も描かれず何も書かれず、石以外は何も語るものはない。ただハワード・バイス大佐という人物が重量軽減の間で見つけた石工《いしく》マークのみである。その石工マークの発見についても相当の疑惑があり、かつその文も怪しげであるという。さらにクフ王の石棺というがその石棺には発見当初から何もない。

大ピラミッドがクフ王の王墓であるという根拠はほとんどないようだ。ハンコック氏の説明にだけ信をあたえるのではないが、相当の説得力がある。正当エジプト学者の年代の推定・確定方法がなんと単純というか、いいかげんに決定されているかがよくわかる。学問という権威がいつのまにか鎧をまとい、真実らしく見せる。これが風土的無意識となって固定するのであれば恐ろしいことだ。

ハンコック氏の現エジプト学への批判は的をついているようにおもえた。しかしそれらを総合してえた結論は納得がいかなかった。ピラミッドの建設技術が古代のエジプトの技術をはるかに越えたものと考えている。それを根拠に一万二〇〇〇年前の神ともいえる文化が渡ってきたとの推測である。それならばさらにその超高度な技術はどんなもので、どうして生まれたのかを問い続けなければならなくなってしまう。

『神々の指紋』は超ベストセラーになってしまった。その結果、多くの批判が起こっている。その批判のなかにはハンコック氏を詐欺師まがいにまでこき下ろしているものもある。けれど私から見ればハンコック氏の論調は設計分析とよく合致する。ピラミッドの技術のすばらしさを驚異と畏敬の目で見ている。ピラミッドの語る声をまっすぐに聞いていると感じとれた。

オリオンミステリー

ハンコック氏が『神々の指紋』の基本に置いたのがロバート・ボーヴァル氏の『オリオンミステリー』である。ギザの三大ピラミッドの人工衛星からの写真を見て、その三つがならぶ配列がオリオン星座の三つ星であると感じた人である。

オリオンの三つ星の配置と三大ピラミッドの配置はたしかによく相似している。天空を地上に表現するということである。今までの考古学者の考えつかぬ発想であった。物質的実証的研究者にはまねのできないことであった。

このような説を立てた人に興味を覚えた。その人はやはり硬直した現代研究者から遠く離れた人であった。土木建築技師として人生の大半をエジプトや中近東で過ごすうちに、ピラミッドと星の相関関係に興味を抱くようになったという。現代の硬直した科学のなかでは生まれえない発想であった。

しかしここでナスカでのものと同じ問題が生ずる。誰がこの巨大なオリオンの三つ星の地上絵を見るのかということである。今度は逆にこの問題をだれも疑っていない。上空、飛行機か人工衛星でしか見えず、見えない三つ星を誰が計画するのかということである。

そしてこの説が正しいとしても、それをなぜギザの大地に築造したのか、内部の構造は、その形状は、なぜヒエログリフも神々の絵も描かれなかったのかという多くの疑問に答えられていない。

ハンコック氏とボーヴァル氏はさらに共著で『創世の守護神』なる本を上梓《じょうし》された。しかしこれはすでに述べた一万二〇〇〇年前の渡来人の文明であるという。この渡来人の文明についてはもはや繰り返しであって反論はやめておきたい。天空を地上に描くという説はしかし魅力ある説である。

エジプト学者・吉村作治

吉村作治氏は現代のエジプト学者で世界的権威であり、わが国におけるエジプト関係の著作の多くが氏によるものである。しかも権威でありながら柔軟な思考を有し愛すべき人である。そして私のエジプトの知見の多くが吉村氏の著作におっている。しかし吉村氏にも弱点があるようだ。エジプト学を志す限りはそのなかに魔術や秘儀が含まれている。事実、氏は初めは魔術の著作も出していた。しかし実証学者の手厳しい批判のなかで、この魔術や超能力から手を引かれたように思う。

吉村氏について語るのは氏を惜しむからであり、現代の大学における科学のあり方を問題にしたかったためである。たしかに魔術や神秘思想は独善でいい加減さがつきまとう。それ故やはり現代の実証科学のほうが安全で確かかもしれない。しかしエジプト文明は心を中心にした文明である。魔術も心の一部分であり、その心を抜きにしてどうしてエジプト文明を語れようか。

私が吉村氏より学んだ大切なことはそのエジプトの思想の本質である。それをつぎに述べてみたい。

カー（聖霊）　エジプトの神々は具体的な動物達の形を取っているが、それがそのまま神として信じられたのではなく、神の力の象徴として描かれたのである。神の背後にあるものがバー・カー・アクトの思想である。『吉村作治の古代エジプト講義録』という著書があった。その著のなかで人間の背後にある生と死にかかわる問題として、興味ある記述があった。

通常、日本語ではバーが魂、カーが聖霊、アクトが肉体と訳される。古代エジプト人は、カーという目に見えない存在があり、そこに肉体がくっついていると考えた。

まずカーがあって、その次に肉体がある。個々の人間や動物や物の本質とは何なのか。古代エジプト人はそれがカーであると考えた。そういうふうに、発想の転換をしていただきたい。

少し難しい話になってきた。しかしここのところはエジプト文明のどうも根本的なところらしい。死を通じての思想がある。死は残忍であり悲しみでもある。われわれの文明の基底であるかもしれない。不思議な神々、奇妙な建物だけがエジプトではない。心の文明として学び取れることがありそうである。現代に通じるギリシア文明にこの思想は引き継がれてきたのだと思う。

さらに興味ある記述があった。あとの章で述べるギリシアの哲学者・プラトンの思想についてであった。それはエジプトの「カー」の思想が、プラトンの「イデア」の思想に大きな影響を与えたと述べている。イデアは物の背後にある本当の姿を意味している。それはプラトンが師・ソクラテスの死によって精神的支えを失い旅に出る。その旅先のエジプトで出会ったのが「カー」の思想である。その際に、プラトンは「カー」の思想をイデアと訳したと述べている。

エジプトの神々はたんに不思議な絵ではなく、カーという心を描いているように感じとれた。人の死を看取ることによって優しい心が生まれたという。エジプトはその優しさをカーによって求めているのであろうか。心を煮詰めていくとしだいに純粋な成分となり、やがて結晶となる。それがカーかもしれない。

大ピラミッドの中核

設計分析からみれば、大ピラミッドの中核は中央にある大回廊につきる。

それは大ピラミッドの中央に位置し、全長四八メートルの急傾斜の大空間である。

水平に作られたのでなく二六度の傾斜があれば、石と石とは滑り落ちる。

大回廊、それは現在の技術でもってしても構築が不可能とされるものである。いや、現在の技術では不可能なのであって、古代のエジプトでのみ可能な技術であった。技術上から見れば、現代技術はあまりにも自然の力を用いていない。また時というものを経済観念でしかとらえていない。技術は心と一体のときに大いなる力を発揮する。それが大回廊の場で古代エジプトにおいて発揮されたのである。

さらにこの大回廊の目的である。上昇するという儀式があったと感じるのは私だけではない。しかしこの階段もない斜面を完成後に人が登り上昇することは無理である。実際にファラオがこの斜面を登るとはおもえない。これは人が登るものではない。建設時の石が石舟として上昇するところではなかったろうか。多くの綱が引かれ、舟の櫂《かい》の代わりに、梃子《てこ》を並べて昇るのである。ナイル川での舟の往来に似る。神と人と石の昇る儀式であり、それが心の通路となる。

すでに技術で述べたように、古代技術はたんねんにこの回廊を作り上げたのであって、それは膨大な時をかけたのかもしれない。石材を運ぶだけでなく、積み上げるもの、接合するものと無数の民も参加したであろう。そこには無数の死があったであろう。死とその悲しみが文明を成立させている。古代エジプトの国家最大の事業なのである。多くの人たちの心の結晶が大回廊である。そしてそれは街からナイルのほとりから、人々の見守るなかで封じ込められたのである。

大舞台

大ピラミッドの中核はその内部構造にあり、大回廊であるとした。それは現代の技術者が考えても構築不可能と思われる技術の粋を結集している。実際、大回廊は異様な空間で、なぜこれ程までの空間が必要であったのだろうか。従来のファラオのみの秘密の空間であるという考えは捨てねばならない。発想の転換がいるようだ。時をさかのぼり、建設のさなかを遠望すれば、ピラミッドは大きな舞台であり、それは大きな祭りであり、儀式であった。その建造は遠くナイルのほとりからさえ遠望できたであろう。決して誰も見えないところで建造していたのではない。後の王朝の墓はたしかに秘密裏に作られ、その内部に多くの財宝が密閉された。ピラミッドの建造は大地の上に開放されていた。

建設の中心は大回廊であり、まず中心部を高く作るために時間をかけて大回廊は作られていった。その建設は祭りであった。大回廊は石の引き上げと儀式のための、とてつもない精巧な大空間である。大回廊の建設自体が儀式であり、祭りであり、そこに多くの人が立ち会った。ファラオも、神官も技術者もいた。多くの労働者がいた。遠くはナイルのほとりからエジプトの民のすべてが見守っていた。神と人と石の上昇の儀式は昼も夜も永い年月が続いた。

ヘロドトスの伝承

ピラミッドの建設についてはいつもその膨大な石の量とその運搬について述べられている。しかしその技術の精度についていかにして建造されたのかを考慮してはいない。しかしピラミッドの建設こそが古代エジプト早期の文明の核でもあったはずである。その建設技術をとばしてピラミッドを語ることはできないし、エジプト文明を語ることもないであろう。

古代ギリシアの歴史家・ヘロドトスがピラミッドの建造方法を伝承の形で『歴史』（松平千秋訳）に述べている。それによると、「ピラミッド建造に用いられた方法は階段式の構築法であった。この階段を作ってから、寸の短い材木で作った起重装置で残りの石を揚げるのであるが、まず地上から階段の第一段階に揚げる。石がここに揚がってくると、第一段に備えてある別の起重機に積んで二段目に引き上げられる」と述べている。

さらに全体の施工順序について、「最初にピラミッドの最高部が仕上げられ、つづいてそれに接続する部分という風にして、最下段の地面に接する部分が最後に完成されたのである」と述べている。

ヘロドトスの時代はピラミッドの建設からすでに二〇〇〇年の経過があり、多少の誤りを含んでいてもおかしくはない。しかしまだ古代エジプト文明が生きていた時代であり、かつヘロドトス自身が伝承をそのまま書き残す態度であるため、まったくの誤りとはおもえない。ことに技術的な記載は現代から見て不思議であろうと、それをできるだけ尊重すべきだとおもう。

しかし現代の学者はピラミッド建造方法について、ヘロドトスの記載をまったく否定している。それは起重機について、古代エジプトには滑車が存在せず、よって起重機もなかったはずであるという。この起重機についてはたしかにいろいろなものが復元された。しかし実用的な木造の起重機は考案されなかった。そして現代の学者によってこの起重機は役に立たないという。そして相変わらず石の構築は巨大で長い斜路を建造し、石を橇《そり》にのせ多くの奴隷が引き上げたと主張することになる。

建設方法

ヘロドトスの起重機の伝承を捨て、現代学者の長い斜路による石の運搬と引き上げの説は考えがやはり逆行している。長い斜路による構築説（斜路説）は、ピラミッドの構築の精度と困難性を知らないものとしかおもえない。その精度と困難性は少し考えただけでも三点にのぼる。

第一点は、ピラミッドの表面に化粧石が全面に貼られていたということである。たとえば第二ピラミッドの頂上付近に今も残る貼り石である。この貼り石は重量十数トンもあり、その接続は薄紙が入る程度であったという。このような精巧な貼り石の施工は斜路説のように多人数で石を引くということではとても施工はできない。何らかの起重装置があってこそ可能となる。そしてヘロドトスの述べる、最終段階で最高部（中心部）から地面に接する部分（外周部）を仕上げるということにぴったりと当たっている。

第二点は、ピラミッドの頂点の冠石（キャップストーン）の据え付けである。斜路説では頂上付近での施工はほとんど考えていない。斜路説では頂上付近の施工は石を引く場所がとれないのである。現代技術で施工するとしても、それはヘリコプターで冠石をつり上げて据え付けることになる。ほとんど足場がない所での冠石や頂上付近の化粧石の張り付けはどうしてもヘロドトスの記載する起重装置が必要になる。

第三点は、大回廊の建造である。大回廊はすでに述べたように、長さ四八メートル、高さ八メートルのせり出し（持ち送り）構造の大空間である。しかもそれは二六度の傾斜角を持っている。せり出し構造は石を少しずつせり出し、最後に天井石を載せて上部の荷重を分散させて空間を作り上げることであり、準アーチ構造といってもよい。このせり出し構造は平地で施工するにしても困難であり、まして急傾斜地で施工することは容易ではない。力（石の重さ）の方向を三次元的に考える必要があり、とても斜路説のように一元的だけで解けるものではない。

以上の三点だけでも斜路説のように石を引き上げることだけでピラミッドは構築できるものではないことがわかる。

起重装置

ピラミッドの構築にはどうしてもヘロドトスの述べるように起重装置か起重機がなければ構築できない。ここでは石を引き上げる全体の構造を起重装置とし、その用具を起重機としよう。たしかに斜路や橇も使われたであろうが、重要な構造では起重装置がなければならない。それでは機重装置とはいかなるものであったので

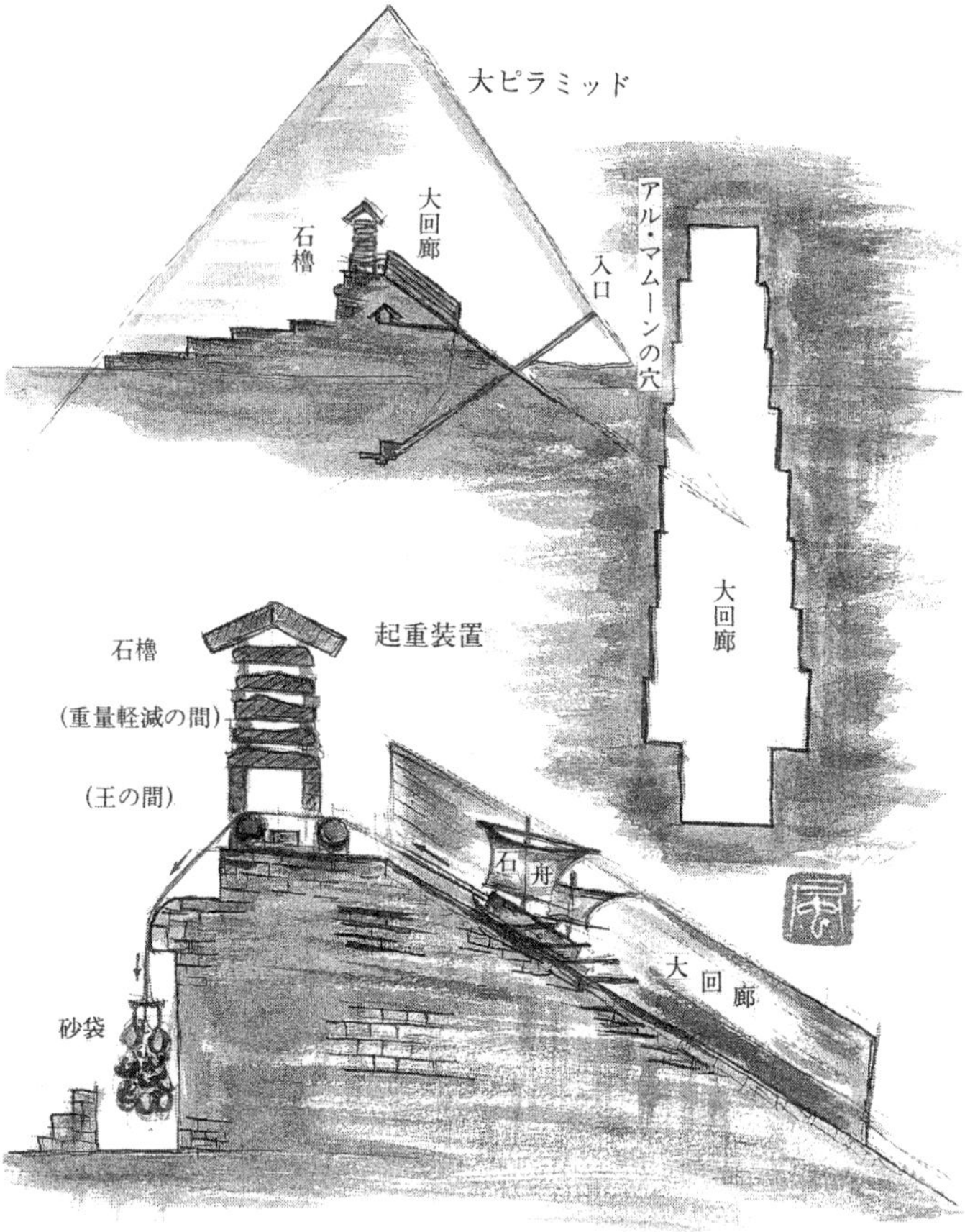

ピラミッド・起重装置

あろうか。

そこでヘロドトスの記述を再び読み返すと、施工順序はまずはじめに最高部から仕上げるとしている。これは中心部から仕上げていくのであろう。はじめにピラミッドの中心部に高い櫓《やぐら》のようなものを構築すると考えられる。その櫓こそがピラミッド構築の司令塔である。

いま大ピラミッドの断面図を見ると、その中心部に切り妻づくりふうの巨大な構築物が描かれてある。大回廊の隣りにある王の間と重量軽減の間と呼ばれる構築物である。この呼び名は適切とはいえないとおもい、ここでは石櫓《いしやぐら》と呼ぶことにする。

この石櫓はピラミッド構築の司令塔として、起重装置と関連するとおもう。なぜならこの石櫓の屋根部の梁石は一個七〇トンにのぼる。この梁石を引き上げるのに、起重装置がなければならない。それが大回廊であろう。

大回廊でいかに巨石を引き上げるかということについては、重量の方向の変換が必要である。それに強い綱も必要である。その変換点に滑車があれば滑らかであるが、もしなくても丸みのある滑らかな石と、潤滑油があれば可能である。

すなわち巨石を引き上げるのは多数の人力によるが、方向を変換して引き下げるのであれば人力でなく、たとえば砂の重さなどでも石は引き上げられる。一人の力で一〇〇トンの重さの石を、幾本もの綱と同重量の多数の砂袋と潤滑油で石は動くのである。

ヘロドトスの起重装置は寸の短い材木で作ったという。これは梃子《てこ》と考えてもよいかもしれない。それも幾本もの巨大な長い梃子を並べて同時に動かすならば、充分に起重機としても機能するであろう。石を石舟とし、櫂を梃子と考えればわかりやすい。大きな帆をつければさらに面白い。石も人も神も天に昇れるかもしれない。

石櫓の下部は、王の間といわれているが、その片隅に石棺がある。これも発見当初から何もないのであるが、なぜか石棺と呼ばれている。しかし精巧なくりぬき技術を駆使した石棺は液体を保つためではなかったろうか。花崗岩の深いくり抜きの液槽である。液槽であるからには液体が入っていたかもしれず、その用途は不明である。ここでは幾本もの綱が石の変換点で摩擦するのをやわらげるための潤滑油の貯蔵庫であると考えてみた。

ピラミッドの中央に石櫓を構築するためには、上昇通路や大回廊の石の通路を築き上げねばならない。それには滑車と太い綱があれば巨大な石も容易に引き上げられる。巨大な石を綱で結び、その反対側に砂袋を順につり下げる。多数の砂袋がつり下げられ、その重量が巨石よりも重くなればひとりでに石は引き上がっていく。こうすれば理論的には巨大な石もやすやすと引き上げたり、下げたりすることが可能である。さらに起重機として幾本もの巨大な梃子を並べて同時に動かす。また傾斜角での建造には石の引き上げと引き下げに潤滑油があったほうがよいであろう。これらの全体が起重装置であった。

石櫓も大回廊も巨大な石の上昇である。それが儀式であり神々への道でもあったのであろう。技術的に困難であればあるほどそれを克服する力が創出された。数万の民がかけ声をあげ、はやし、踊り、楽が奏でられる。太陽も月も星も、そして嵐も風も砂も水も、すべての力の結集であった。ピラミッドにはまだまだ未知の領域がある。古代エジプトの民は偉大であった。

何も描かれず

大ピラミッドのなかには何も描かれていない。エジプトには多くの神々が生まれている。しかしピラミッドの内部にはその神々の姿はどこにも描かれていなかった。神聖文字としてのヒエログリフも書かれることはなかった。

それはこのピラミッドという舞台で起きた出来事のすべてをエジプトの民が遠くからも近くからもつぶさに眺めていたからであろう。ピラミッドは舞台なのである。舞台に神々を描くこともない。ファラオの功績を述べるヒエログリフがないのも当然といえる。

すでに述べたハワード・バイス大佐が見つけたヒエログリフはますます疑わしくなって

くる。大ピラミッドの内部で落書きとも見える唯一の文字・ヒエログリフである。建設途中のために描かれるにしては、描かれる場所がおかしい。それが石工《いしく》マークであれば落書きであり、その位置は建設の途次に見つかってしまう重要な位置にある。天井の裏屋根に書かれた落書きではないのである。

ともあれ疑わしき石工マークの他は、ピラミッドの内部には何も描かれなかった。後期になって作られた王墓や神殿とはまったく異なっている。何も描く必要はまったくなかった大ピラミッド。そこは神々の舞台であり、ファラオが儀式を司った場所である。

祭りと儀式

エジプトの神々は多い。しかしその中核は再生と復活にかかわる物語であろう。それはこの国を挙げてのピラミッドについての物語であったような気がする。ピラミッドの建設は構築と崩壊が繰り返されたのかもしれない。再生の神オシリスがピラミッドの建設の主神となるのはこのためかもしれない。そしてそれを破壊するのが暴風雨のセトであった。ピラミッドがセトによって崩壊する。その崩壊したピラミッドの無数の石を丹念に集めたのがオシリスの妻・イシスであった。彼女はまた建設の労働者を優しくなぐさめる役目であったかもしれない。

オシリスとイシスの息子のホルスは太陽と月の目をもっている。太陽と月の力をピラミッドの建設に結びつける、ピラミッドの大舞台を飛び交うハヤブサであった。太陽の船も造られた。大回廊は技術的には石を引き上げるための斜路であったかもしれない。しかしそれは天に昇るナイル川であったように感じられる。起重装置によって石舟は櫂をこぎながら上昇する。心の世界でも、ナイル川は大きな位置を占めているとおもう。ピラミッドの大舞台でなされた祭りや儀式はこの神々の物語を思い出させる。

心の世界の結晶

ピラミッドはベンベン石という石の形状から来ているという。その石の頂上に不死鳥・ベヌウ鳥が出現するという。あるいは雲の切れ目から漏れる太陽光線であるともいう。ピラミッドの形状は角錐形という幾何学的な建造物である。エジプト絵画から考えれば、もっと具体的な形を取るか、彫刻として神々の形を表わすはずである。この抽象性は何であったのであろうか。これはひょっとするとエジプトにおける物事の本質をあらわすというカーではなかったろうか。カーは死の残酷さと悲しみと優しさをもつ。大ピラミッドはエジプト文明の創出のすべてを語るものである。とすれば三角の形状は心にとって何にあたるのであろうか。

ピラミッドの形状は鉱物の結晶に似る。岩石の中から輝く水晶のように感じられる。カーとはこの水晶のごとき、心の世界の結晶かもしれない。人間や動物の本質がカーという聖霊であるならば、それは心の深層にも通じるように感じる。ピラミッドは幾何学的な形状でエジプト人の心の深層をわれわれに語り継ごうとしているようにおもえる。

エジプトには多くの神々が生まれている。しかしピラミッドの内部にはその神々の姿はどこにも描かれていなかった。神聖文字としてのヒエログリフも書かれることはなかった。それは神々の舞台であったからであろう。あるいは、その背後に潜む本質をのみ表現しようとしたからであろう。結晶体には絵も文字も不要である。エジプトの自然は灼熱の太陽であり、夜空の月であり、星達である。さらに死の砂漠であり、沃野をもたらすナイル川であろう。そしてこれらの風土から人の心に生まれてきた神々があるであろう。神々はやがて心の世界の統一としての宇宙観を生み出したのだろう。それが結晶化してあらわれたのが大ピラミッドである。

ピラミッドの中核・大回廊はエジプトの大いなる川・ナイル川の本質、カーをあらわしているのかもしれない。ナイルの川辺にはパピルスが繁茂し、舟がゆきかう。そしてオシリスもイシスもセトもホルスもこのナイル川を上昇する。神々の天への上昇の道である。ためにその技術は現代をはるかに凌《しの》ぐ。

そしてピラミッドの形状はエジプト文明の心の世界の結晶体である。それは後のギリシアの哲学者・プラトンの目指した理想の世界・イデアの王国でもある。それはまたエジプトのカーの世界の継承である。ギザの台地のピラミッドをはじめとする文化遺産はそんなエジプトの創造力の結晶を明確にあらわしている。

神々との交感・パルテノン神殿

誕生

ゼウスの頭が割られ生まれたる女神アテナ
正面破風《はふ》に刻された壮絶なる女神の誕生
海神ポセイドンをも打倒して
民主国家への創出の願い
ディオニソス、デメテール、アフロディテも刻される
天上の神々との交感に白亜の樹林がそびえ立つ
天空の一点に向かってそびえ立つ列柱群

アテナ誕生

遠　景　ギリシアの首都・アテネ。透明な空気があり、その中心にあるアクロポリスは町のどこからも鮮明に浮かび上がる神々が住む岩石の丘である。そしてその丘の上に、古代から人々は神との交流のために多くの神殿と神像を建設してきた。その中心になるのが、アテネの守護神である勝利の女神・アテナをまつるパルテノン神殿である。

古代ギリシアの人々はアクロポリスを見上げ、その神殿群の上に神々が住む天空を思ったのではなかろうか。透明感のあるギリシアの空は、どれほどの遠くからでもアクロポリスと白亜のパルテノン神殿を一つの大理石の彫刻を見るように見守ることができたにちがいない。

近　景　アクロポリスの丘の麓から登ることにしよう。この丘は海抜およそ一五〇メートル、市内からの高さが約七〇メートルである。丘全体は半結晶石灰岩でおおわれている。丘の上はやや平らかであり、そのため新石器時代の古くから人が住み続けてきたという。麓からの道は幾本もあるが狭く急である。多くの観光客が歩き、道ばたには土産を売る人もいる。

その急な山に沿って登っていくと、忽然《こつぜん》と石造の門が出現する。ブーレの門であり、さ

アクロポリスの丘

パルテノン神殿

らに進めばアグリッパの記念像の大きな台座、そして列柱がならぶ前門にむかう。列柱を通り過ぎれば視界が広がり、大きな広場に面す。パルテノン神殿が前方にある。

パルテノン神殿の前に立つ。世界の美の頂点とされる神殿。それは幾本もの白亜の大理石の柱がそびえ、まっすぐに天に向かっているような気がした。

パルテノン神殿はピラミッドと違い建造の目的も年代も設計者もわかる古代建造物である。そして世界の美の頂点であるという評価が確定しているようにみえる。しかし誰もがその美しさを感じるのであろうか。現代建築家はその均衡のとれたプロポーションにより、比類ない美の殿堂と讃える。しかしそれを視覚的にのみとらえるならば、パルテノンは大理石が散乱する廃墟にしか見えないはずである。

文化遺産であるパルテノン神殿は視覚でなく心によってその語るところを聞くならば、高らかに鳴り響く声が聞こえてくるとおもう。

彫刻群　パルテノン神殿はギリシアの英雄・ペリクレスの指揮のもと、総監督をフェイディアスによって設計施工された。建築家や彫刻家が総動員されて紀元前四四七年に着工し前四三八年に完成した。神殿の中央には巨大な黄金象牙製のアテナ女神の像が置かれ、いたる所に神話を主とする神々の物語の彫刻があった。建造当時は多くの彫刻が、屋根の破風《はふ》や柱の上部の梁をめぐるメトープに施されていた。しかし現存する神殿にはほとんど彫刻は見当たらない。その彫刻の多くはトルコ大使として滞在していたエルギンによってイギリスに持ち帰られている。現在、大英博物館に収容されエルギンマーブルとして保存されている。

神殿正面の破風にはギリシアの神々が大理石に刻されている。しかしその中央にはすでに彫刻は失われていた。古代ローマ人の書き物にわずかにそれがアテナの誕生であったと記されていたという。

その表現は今になれば想像するしかないが、ゼウスの頭が割られ額から女神アテナが生まれ出て来る神話が浮かんでくる。壮絶な誕生が正面を飾る。おそらく表現は美しさをまとっているであろうが、新しい誕生が古き敵を打倒することを感じさせる。

生け贄の集合体

西洋建築の多くが民主主義と知性の表現としてあらわしたギリシア神殿の様式を意匠としている。銀行、博物館、図書館などの権威ある建物に使われる。はたしてギリシアの建築様式が知性をあらわしているのであろうか。現在の建築家は視覚を重視し、その奥にある感性をほとんど理解していない。ギリシア建築がわかるためにはギリシアの世界観がわかってこそ理解できるであろう。

ギリシアの世界観のもとに建築を記述した古代ローマ人がいた。ウィトル・ウィウスであり、その著『建築書』がある。現在、建築研究において記述が不正確という理由で遠ざけられているが、この著が最重要であることには変わりがない。

このウィトル・ウィウスの記述をもとに古典建築のオーダーについての歴史的意義を説いた、J・ハーシー著『古典建築の失われた意味』という本を見つけた。従来の建築の説明は常に歴史と構造の説明にあって、なぜその建築の形を当時の人々が決定したのかを説いてはいない。実証的かもしれないが本当の建築の意味を理解してはいない。この本はギリシアの世界観を理解していた。

その書によるとギリシア神殿は、生《い》け贄《にえ》に用いられた、食物をも含んだ素材のあれこれの集合体とみなしていたと推測している。生け贄は雄牛の首であり穀物であり神との交感に用いられたのである。神殿の装飾はこの生け贄の形であった。人類の残忍さと優しさがここにも顔をだす。

列柱群

現在のパルテノンは彫刻がほとんど残らず、建築の構造体のみが目に映じる。しかしかえってその構造体の列柱群が神殿の美を明確にしているようにおもわれる。ペンデリコン産のドリス式円柱は高さが一〇・四メートルで東西各八本、南北各一七本が整然とたっている。その直径は一・四メートルで縦に二〇本の条溝が走り、中央が膨らむエンタシスになっている。この円柱は一本の柱でなく、臼のような鼓胴を一〇から一一個が積み重ねられている。

この列柱群は少しずつ内側に傾き、ほぼ二〇〇〇メートル上の天空の一点で交わるという。想像をたくましくすればその天空からおりてくる線が柱となって、エジプトのオベリスクかピラミッドの形状が浮かんでくる。それは太陽の光線を表現するのか、天の啓示をあらわしているのであろうか。

樹　林

ウィトル・ウィウスの建築書に、ギリシア建築の構造は木構造の形を引き継いでいるという。木々は最初の神殿であり、ギリシア芸術は神聖化された木々で満ちあふれているのである。さまざまな飾りは、巫女達が神の声を聞くためにあり、犠牲の牛達の形状はその名残であるという。

アクロポリスの神殿・エレクティオンに六体の処女像の柱がある。カリュアーデスと呼ばれる柱であり、柱が心の表現になっている。この柱は、エジプトの柱の影響かもしれない。エジプトの柱には神々が表現されている。カルナック神殿にパピルスの大列柱室がある。これは、ナイル川に繁茂するパピルスであり、エジプトの風土的無意識のあらわれで

カリユアーデス

カルナック神殿の列柱

あると思う。しかもそのパピルス柱には多くの神々が刻み込まれていた。

北米に巨木の柱を立てる民族がある。その巨木には森の熊や鳥などを彫刻して、色彩を施している。トーテムポールである。神々を守り神とした人々である。

神殿は列柱で構成されているが、それは構造のためだけでなく神との交感の意味が込められていたのである。

エンタシス

パルテノン神殿の列柱は中央部分が膨らんでいる。エンタシスという名のふくらみである。このエンタシスはやはり神々との交流の表現であると思う。柱が樹木の表現であるならば、それをより強調したのがこのエンタシスであろう。パルテノンにおいて破風やメトープの神々と地上の交感がこのエンタシスによってなされたのである。

現在の建築家や美術家はエンタシスをたんなる美的表現であるという。それはあまりにも視覚のみで、一面的な見方である。ギリシアの人々の心を理解していない。

このエンタシスは、日本の法隆寺の建築の柱にもあらわれている。世界最古といわれる木造の建築の柱に、古代ギリシアの石造の柱の表現があるということはいかなる関連があるのであろうか。

この関連を求めた人がいた。明治の建築家・伊藤忠太氏であり、文明の東漸説をとなえた。伊東氏は趣味として妖怪の絵を好んで描いている。それが高じて氏の建築のなかの飾りに妖怪が登場する。氏の建築センスを現在は異様としているが、私にとってはそのことがギリシアの心を理解しえたのであろうと思う。視覚をたよりにする建築家はギリシア建築を理解することはできない。

しかしエンタシス的表現があるからといって、法隆寺がギリシアの影響があったとするのは早計である。法隆寺の柱の膨らみは日本の古代からの柱と神々の継承にあるとおもうからである。文明・文化は必ずしも一元的に誕生したのではない。

あとの章で述べる三内丸山遺跡の栗の巨大木柱からの継承であると心に響くのである。ともかく古代ギリシアにおいても、日本においても柱の中央部を膨らませるのは、樹木のもつ天と地の交感の表現であろう。

西洋文明の原点

現在の西洋文明の原点は、ギリシアに源をもつであろう。そしてその基礎をなすのが哲学である。学問的にはアリストテレスがほとんどの学問を創設したといってよい。たしかにアリストテレスは偉大であったと思う。しかし彼の哲学はその師、プラトンのなかから生まれてきたのである。あるいはプラトンのイデアに反して生まれてきたかもしれない。

現在の西洋文明の腐敗から立ち直るには、アリストテレスではなく、その師のプラトンを学ばねばならないであろう。プラトンはそのイデア論によって著名である。そのプラトンの思想はソクラテスから継承してきたものである。

ソクラテスは鬼神の声（ダイモニオン）を聞き、人々にその声を確かめる。従来の神と異なったためかやがて死刑の判決のもとに自ら毒杯をあおぐ。

ソクラテスを師とするプラトンは、ソクラテスの死の影響が大きく、各地を放浪することになった。そしてエジプトの放浪において大きくその思想を感じ取った。すでに述べた古代エジプトの生と死の思想である。すでに述べたアクト・バー・カーの思想であり、ものの背後にある本質というものの存在である。

プラトンはものの背後にある本当の存在をイデアと呼んだ。このイデアこそ、ソクラテスが鬼神と呼んだものではないだろうか。

イエス・キリストもこの当時の思想家である。キリストが感じたゴッド（神）もこのエジプトのカーであり、ソクラテスの鬼神であるような気がする。あるいは仏教の阿弥陀如来や大日如来である。人の心を内省によって感じ取るのである。あるいはユング心理学でいう普遍的無意識こそが、プラトンのイデアであるかもしれない。心の奥底の残忍さや優しさであってもよい。

西洋文明はいつの間にかこのイデアを忘れ、アリストテレスの分類整理に向かってしまう。日本はその西洋文明の精神をほとんど学ばずに実証的という面ばかりの追求に終始する。現代の学者がなぜソクラテスやプラトンを省みないのか。それは不遜であり無知であり傲慢《ごうまん》ではないのか。文明の再生にはギリシア文明の原点たるソクラテス、プラトンに戻るべきであろう。

ペリクレス

ギリシア文明の最盛期の指導者であり、パルテノン神殿建設の発案者であり指揮者がペリクレスである。文化遺産パルテノン神殿はこのペリクレスの心の深層を反映しているのであろう。あるいは建築と彫刻の総監督で、ペリクレスの生涯の親友であったフェイアデスかもしれない。パルテノン神殿が語りかけるのは、この二人の心の響きあう所かもしれない。

しかしペリクレスの心がどこにあったのかはわかりがたい。彼が専制君主が率いるペルシャ軍を破り、ギリシアの統一を目指してデロス同盟を指導した人であること、機知を好んだこと等がわかるのみである。

わずかな資料のなかでペリクレスがパルテノン神殿を建設した心を覗いてみた。ギリシアはポリスによって成立していた。多くのポリスが乱立していたといってもよいであろう。そしてギリシア全土の敵がペルシャであり、アテネの大敵がスパルタであった。

古代ギリシアもまた多様であった。だが一つの希望はギリシア神話を持っていたことである。神と人との交流があった。神からの託宣があり、それが信じられた時代でもあった。ペリクレスは多様な国家間のなかにあって、統一の羅針盤としてパルテノン神殿の建設を目標に掲げた。パルテノン神殿は多様なるもののなかの統一の羅針盤であった。ソクラテスは鬼神の声を聞いた。ペリクレスは神話のなかで育った。

神殿は神の託宣を受ける場所である。ペリクレスは神の声を聞き、その理想（イデア）をギリシアの統一としたのであろう。その思いが技術を駆使してパルテノン神殿を築き上げる。神殿建設には、神々との交感のために多くの神像群が彫刻され、巫女《みこ》やシャーマンが音楽を奏でたであろう。ペリクレスの心は華やかだったようにおもえる。白亜のパルテノンはそんな響きを伝えてくれる。

ギリシア神話

ギリシア文明はその中心に神話を持っている。神話は人の心を深くあらわし、いつの時代にも通じる普遍性を持っている。今日そのギリシア神話を読んで特に心に響いてくる章は、プロメティウスが人類に火をあたえる所ではなかろうか。人は飢えと寒さに困窮していた時代があった。神と人の子であったプロメティウスは神のみが許される天上の火をこっそりと人にあたえたのである。それ故にプロメティウスは主神ゼウスの怒りをかい、岩に縛り付けられて、大鷲に肝臓をついばまれる。

火は人類に多大なる恩恵をあたえてくれた。しかし現在の人類はその奢りが他の生物の絶滅を導いている。しかもさらに地球をも破滅させる核を手にした。これは人類の知による獲得物である。しかしこれが人の破滅に導くかもしれない。

プロメテウスは人類にあらゆる技術を教えてくれた恩人として話される。しかし人類は技術を持ち神に近づくことによって傲慢になる。ギリシア神話は人類に、前途に死の運命を見るのをやめさせたというが、死を忘れた人類は傲慢であった。

日本における原子力開発のあり方を見ていると、それが平和的利用といえども核をもてあそんでいるようで恐ろしい。人類の心の奥の残忍さをも忘れている。一連の核燃料開発事業団（動燃）の事故と事故隠しは、人の心の怠慢と奢りを如実にあらわしていて悲しすぎる。知性のみで獲得した核という巨大な火はまだ人類にとってそれを使用する資格はないようである。

ギリシア神話は人の心のあらゆる部分をあらわしているかのようである。日本人のわれわれはこの神と人との触れあいの神話を知らず、ただ知性のみで科学を押し進めている。

語りかける言葉

現在のパルテノンをそのまま見ることで感激は生まれない。大理石の列柱が並び立つ神殿は寂しさや悲しみを伝える廃墟である。それは茂る葉のない枯れ木に似る。枯れ木は大きく茂った樹木であったはずである。それを心に浮かべるには当時のギリシアの人々の心を浮かべねばならないだろう。ギリシア神話の世界を心に満たせれば、パルテノン神殿が語り出すかもしれない。

まず設計分析から文化遺産の中核を感じ取ろう。パルテノン神殿そのものが古代都市国家・アテネの中央に位置するアクロポリスにあった。そのアクロポリスの正面がパルテノン神殿である。その神殿の正面に立つ。世界の美の頂点である神殿。幾本もの白亜の大理石の柱がそびえ立つ。まっすぐにそれは天に向かっているような気がする。巨大な白亜の殿堂、その中核は柱群であるとおもった。

パルテノンが語る声は聞きやすいはずである。しっかりとその語る声を聞いてみたいとおもう。現在の神殿にはすでに主神であるアテナ神の像もなく、周りの彫刻もない。しかしかえって、この神殿の声が明確に聞こえてくるようにおもえる。

中核の列柱群は白亜の大理石であり、石臼上のものが積み重ねられて構築されている。その柱に条溝が彫られ上から下までの線がより強められる。天上の声が地上に伝えられるのであろうか。

天上の声とは何であろうか。いま列柱の上にあるべき彫刻群はない。しかしギリシアの紺碧の空からは大きな声が聞こえてきそうである。その声は一人一人が違ってもよい。天上を見上げることによって心が響いてくるようだ。

かつてはこの列柱の上のメトープや破風に彫刻群がおかれていた。ギリシア神話の神々である。東の破風、パルテノンの正面にはアテネの守護神・アテナの誕生の場面が刻まれていたという。

アテナの誕生は壮絶である。ギリシアの主神・ゼウスは、その子に殺されるという予言から自身の子の誕生を恐れ、妊娠中の妻を飲み込んだという。アテナの誕生はそのためゼウスの頭を割り、その額から生まれたという。それは専制の支配者・ペルシャとの戦いか、新しき民主主義の創設を表現したのかもしれない。あるいは現在の文明腐敗からの再生、創出も、穏やかな交替では生まれないことを語っているのかもしれない。

アテナとポセイドンの争いも描かれる。恋の女神・アフロディティも描かれる。ギリシア神話はその神々が人の心を映しだしているのであろう。神々を思い浮かべるのは自身の心を訪ねているのかもしれない。

パルテノン神殿は建築としても美の殿堂だという。あらゆる線は直線を使わずに緩やかな曲線になっているという。しかしそれは建築家のいう視覚的な美の追求でなく、神々との交感、あるいは自分自身との心の交感が可能なための工夫なのである。神殿の装飾は生け贅の形なのである。美というものを目で見て感じるという単純なことにしたのは、実証科学であるためである。神殿が建築家のいう物理的法則にのっとる必要はさらさらない。

現在のパルテノン神殿は遠くから見ることによってその美しさが明確になる。アクロポリスの丘にたつパルテノン神殿は透き通った大理石の彫刻の輝きを見せてくれる。パルテノンの正面に立って見るならばやはり心にギリシア神話の神々を浮かべなければならない。そうすれば白亜の殿堂・パルテノン神殿はエンタシスの列柱を通して各自の心に高らかに語りかけてきてくれるであろう。神々との交感のために彫刻群も列柱群もあったのである。

日本の文化遺産から

栗の神殿・三内丸山遺跡

栗の神殿

文化はつるところ青森の地下深きより
巨大な栗の木柱が顔を出した
栗の柱は直径が一メートル
六本の巨大な栗の柱は神々である
柱には神々が描かれ神殿となる
高き柱の神殿はこの縄文の世界の中心
北を見れば青森湾、津軽海峡から北海道

栗 の 神 殿

北海道の駒ヶ岳の噴煙が見て取れる
南西には霊山・岩木山
南東には麗《うるわ》しの八甲田山
この三山の中心に栗の神殿は建つ
この地に立てば心は世界の中央となる

ねぶた祭り

ラッセイ　ラッセイ　ラッセイラー
赤い顔の鬼が動く　妖怪がいる
荒武者が剣を振りかざす
夏の夜に　大きな囃子《はやし》とかけ声の中で
ねぶたの御輿が青森の海より北に還る
栗の神殿の建設の祭りより五〇〇〇年
縄文の心の継承さながらに

破壊の神々
世界最古の継続する文明
森と海のイデアの王国
縄文の常識を打ち破る力
現代文明の偏見を破壊する神々が
この地上に現れたのか

縄文の巨大遺跡

三内丸山遺跡について一九九四年の夏、全国の新聞は東北・青森県の野球場建設予定地から巨大木柱の出現のニュースをつたえた。それは巨大な木柱の発見ばかりでなく、おびただしい住居跡、そして一〇〇〇年の積み重なった土器層の発見であった。日本最古級の漆器や樹皮製品、木製品、動植物の遺体など、縄文の常識を覆すものであった。その結果、東北の復権という人々の熱意が「記録保存」という名の破壊から、遺跡保存に変更になった。公共事業を中止し、この遺跡が永久保存されることが決定された。この遺跡の発掘の成果は、当初から地元・青森の人々に広く開放され伝えられた。そのことが多くの人々の共感と支援をうみだした。考古学界の大きな成果であった。

三内丸山遺跡は青森県青森市の三内丸山にあり、標高二〇メートルの台地にあった。江戸時代より遺跡があることはよく知られている地でもあった。縄文時代は気候が暖かく、そのため海面が高くなって、この地の近くまで青森湾が進入していたと考えられる。

この遺跡は縄文中期の遺跡として、およそ一五〇〇年の長きにわたって継続していたと推定されている。しかも樹木のクリやトチ、ニワトコからヤマブドウ、キイチゴなどの栽培がおこなわれていたことまで確実視されている。巨大集落であり、農耕栽培があり、驚くほどの技術があってそれが長く継続するならば、青森の地に大きな文明が存在していたと考えてよいであろう。

世界最古の文明

東北は文化果つるところとして、あるいは凶作の土地としてイメージされてきた。このイメージの反転を三内丸山遺跡は担うことになる。

この遺跡は縄文時代前期（約五五〇〇年前）から縄文時代中期（約四五〇〇年前）の人口五〇〇人を数える都市であったと推定される。植物の栽培、山の狩猟、海の漁撈から遠くへの交易までがなされた縄文の都市・三内丸山が青森の地下から出現した。衝撃は大きく、その遺跡の声を直接に聞いた人々は今までの歴史の逆転を感じたであろう。

土　器　の　盛　土

巨大竪穴住居（復元）

それは古代エジプトのピラミッドの建設が四五〇〇年前とされているのに匹敵する。さらにエジプトに先行する世界最古のメソポタミアの都市文明が約五五〇〇年前とされていることから、この地はまさに世界最古の文明の発祥の地なのである。古代日本の縄文文明の発見として驚愕であり誇るに足る。この東北の地は日本のみならず世界の最古の文明を生み出した地でもあった。

目が覚めていない学者

縄文の常識が変わろうとしている。世界最古の文明という声は、学者の間に大きな衝撃であった。それはおそらく多くの日本人にとっても今までの常識が何であったのかを問うべきものであった。とりわけ考古学者にとっては、縄文文化の見直しであり、歴史教科書の見直しであり驚愕《きょうがく》であった。

「歴史教科書が書き換えられる」という。しかし、考古学者にとって新しき事実に驚き、常識を上回る大発見だといってさえいればよいのであろうか。どうも無責任で感覚が麻痺しているようだ。縄文時代は狩猟生活で移動して暮らし、貧しい生活であると記述してきたのは誰であったのか。貧困で原始的な縄文時代のイメージの常識は、彼ら考古学者が主張してきたものではなかったのか。従来の研究と言動についての反省は無いのか。

この学者達の言動はあの阪神大震災の建造物の崩壊における責任者の不在とよく似てい

る。予測できないような地震であったということで、建造物の崩壊の責任を感じた学者や研究者はいなかった。すべては自然現象の責任として逃げ切ったのである。彼らは何のための存在であったのかと多くの人が疑ったものである。

考古学の世界は開発の波のなかで十二分の働きをしているかもしれない。また多くの現地説明会を催し、もっとも大衆に近い学問の世界でもあり、多くの報告書も作成されている。三内丸山遺跡の発掘に従事した考古学者たちも、閉鎖的な学問の世界としては異例の開かれた発掘成果の提供をおこなってきた。努力した人々であると評価したい。

だがしかしこの考古学の世界にしてさえなおである。すべての考古学者が縄文の常識を越えると述べているのは、少し反省が足りないのではないか。もしこの遺跡の年代が技術的に推定できなければ、三内丸山遺跡は奈良時代ぐらいに想定されたであろう。君達の歴史認識においては、このような高度に発達した巨大遺跡は縄文時代には存在しないというのだから。

少し振り返って、アルタミラ洞窟壁画の発見時のことを思い出してみよう。壁画はあまりにも近代絵画に共通し、そのため古代人が描けるはずがないとして、偽作とされたのである。権威の名のもとに偽作としておいて、それが間違っていたとなると常識では考えられない遺跡であったとすます常識が今日にもあるとみてよい。

考古学の権威もほぼ同じようなものであり、残念である。考古学者よ、君達はいったいプロなのか。学者でなくて発掘屋か、宝探し屋なのか。何か新しい出来事があれば常識を越えている、で済ませれば気楽であろう。

従来の縄文時代は狩猟生活で、弥生時代が水稲《すいとう》栽培の農耕生活と記述していたのは、ついこの間のこと。その記述は事実からでなく、学者達の狭い視野の研究からくる偏見ではなかったのか。新しい事態になって、そのたびに常識が覆《くつがえ》るのであれば、その学者達が共有する常識の基本的な考えが誤りではないのであろうか。

古き時代は文明がないとする歴史観をもったまま、反省もなく驚いている考古学者が生まれるのはなぜであろうか。学者集団として集団での無責任は、これが風土的無意識から来る。一定の集団がある時間を共有すればそこにできるものはどうも閉鎖的で無責任な集団となる。その集団内に入れば、無責任であるということすら自覚しなくなってくる。みなでわたれば悪くないのはこの世界でも存在した。いつになったら目覚めるのであろうか。

シュリーマン

考古学者から笑いものになりながら古代ギリシアのトロイの遺跡を発掘した人がある。ドイツの実業家・ハインリッヒ・シュリーマン（一八二二〜九〇）である。彼は少年時代に読んだギリシア神話・ホメロスの物語のトロイの戦争を信じ、その実在を確かめたいとおもった。しかし当時の学者集団は神話をたんなる物語として一笑に付したという。そのため彼は独力で私財をつくり、晩年にそのトロイの遺跡の発掘をはじめる。トロイの戦争は巨大な木馬によって城壁を破壊した物語である。そしてその地に堅固な城壁と金の仮面を発掘し初志を貫徹した。彼にはロマンがあり、信念があった。学者集団には無責任な偏見があるのみである。

現在の考古学者は、若き頃におそらくこのシュリーマンの伝記を読み夢ふくらませた人々であろう。それがいつの間にかただの発掘請負人になってしまっている。偏見を捨て、集団を捨てて、自分の考えを育ててもらいたい。学者集団に埋没するのはよろしくない。

日本の深層

三内丸山遺跡の発掘以前に、日本の心の深層を東北の縄文の文化に求めていた人がいる。それは従来の日本文化を弥生時代の稲作に求めていた考えから大きく前進するものであり卓見であった。この説の提唱者は日本思想界の大物であり、国際日本文化センターの創設者である梅原猛氏である。梅原氏は、私から見れば暴れまくる情熱の人である。ユング心理学から見れば西遊記の孫悟空的存在であり、古き制度を破壊するトリックスターである。現在の学者集団から見れば異色の存在であろう。

まず、日本の文化の基層を縄文時代であると喝破できたのはどうしてなのか。梅原氏は哲学者であり、若きときは西洋哲学を専攻したが、やはり日本そのものを究明しなければならないと考えたという。後で述べる法隆寺についてもまったく独創的な聖徳太子の怨霊封じ込め説を展開され、学界の批判の的にもなった。彼があえてその批判の道を歩むのは論理の導くところに従っているからであるという。

はたして氏の説は論理の導きであろうか。梅原氏はかつて西洋哲学の徒であった。西洋哲学はギリシアに源をもつ。すでに述べた、ソクラテス、プラトン、アリストテレスはその頂点であろう。論理はアリストテレスからであり事実の分類整理からくる。梅原氏の卓見はソクラテスのごとく鬼神の声を聞いているのに、アリストテレスに逆戻りしている。論理でないことは恥ずべきではない。ソクラテス流だと認識すべきであろう。

視点をかえて、心の深層からみることもできる。梅原氏の説を見守ってきた私から見れば、縄文の源流を信じた説の根拠に彼の風土的無意識があるとおもう。氏の自叙伝を読むと、その出生については複雑で胸を打たれるものがある。そしてその出生に東北が深く関与している。東北の風土こそ彼の説の根拠ともいえる。

心の継承

現代科学では心は継承しないとしている。生まれてからの学習によるものであるとしている。しかしすでに述べたユング心理学において普遍的無意識は生まれながらにして持っている無意識として考えられている。ここで述べる縄文の心の継承は風土的無意識の継承と考えるのであるが、それは東北の地方の風習が定着しその自然と人の集団が長く継続するなかで、人の心に継承されていくものと考えている。

たとえば、青森の勇壮なねぶたの祭りは長老から若者へ、その毎年おこなう祭りの集いから、集団的な継承が繰り返しおこなわれてきたためと思われる。祭りという儀式のなかに行動の様式のなかに音や踊りのなかに、霊を送るということが脳というだけでなく、身体全体に、心として受け継がれていくのであろう。

ここで帰巣《きそう》本能という言葉を思い出した。たとえば北海道のサケはその生まれが河の上流である。卵から孵化《ふか》した稚魚は河を下り、海にでて大洋で大きく育つ。しかし産卵は生まれ故郷の北海道の同じ河にまた戻って来るという。これはサケたちが故郷の河の風土を心と体に定着しているからなのであろう。

心の継承は実証的に証明されていないが、縄文の心が継承されているということは感じ取れるのではなかろうか。

巨木の継承

栗の木の巨木柱は、縄文の心の継承として後世にまで伝わったようである。巨木の柱はまず縄文時代の真脇《まわき》巨木遺跡にあらわれる。石川県の能登半島から出土した縄文晩期の遺跡から巨大木柱、土製仮面、そして多数のイルカの骨が出土した。巨大木柱は直径九〇チセンの栗の木で、半分に割られた木柱がサークル状に立てられている。同じく石川県の金沢市のチカモリ遺跡も同じような状態である。

現在も続く長野県諏訪大社は、その社殿四隅に御柱がある。樹齢二〇〇年以上の樅の大木が御柱として神社の結界をはり、天と地のエネルギーをみなぎらせる。伊勢神宮や出雲大社には特別な柱がある。中央にたつ心の御柱であり、社殿の中央の床下または地中にある。

そしてあとの章で述べる法隆寺五重塔の心柱もこの縄文の巨木の継承と感じられる。なお法隆寺の柱には中央が膨らむエンタシスになっている。これはギリシアからの影響よりは木の伝統、巨木の列柱の継承であるほうがわかりやすい。縄文の心が文化遺産のなかに継承されてきたとおもいたい。わが国にも文明・文化は誕生していたのである。

縄文鼎談

この文化遺産の地下からの出現は、世界最古の文明という驚愕をともない、東北の人々に大きな誇りをあたえたといってよい。さらに学問的な影響も大きかった。考古学の分野を越えてあらゆる人々の結集から新しき縄文学を目指そうとする人々があらわれている。

『縄文鼎談　三内丸山の世界』という本が出版された。進行役と多くのゲストとの対談のなかで縄文学の方向を模索しているようだ。進行役は三内丸山遺跡の発掘責任者の岡田康博氏と民俗学者の小川修三氏である。特に印象に残るゲストは梅棹忠夫氏、河合隼雄氏と小松左京氏の三氏の話であった。

まず梅棹忠夫氏からである。梅棹氏は文明学の権威であり、国立民族学博物館の初代館長でもあった。そして氏は「日本文明は三内丸山からはじまる」と述べる。さらに「古代都市の中心には神殿がある。これは世界の古代史を見渡した私の知識からでた発想です」とも述べ、巨大柱は神殿であると発言している。

つぎの河合隼雄氏は日本人初のユング派精神分析家の資格を取得した、日本を代表する臨床心理学者である。氏は三内丸山遺跡の木柱群の中心は吹き抜けの建物であり、それは巨大なスピリットの通る穴になるという。タイトルは誰が付けたのか面白く、「心を発掘する天の気、地の精」であった。

最後の小松左京氏はその著『日本沈没』で、日本の地震とその対策についての予見が素晴らしい。氏は「これほどのモノをまとめてみると、その背後にある縄文の精神文化の豊かさを限りない尊敬と信頼感のようなモノが湧いてくる」と述べる。

この梅棹、河合、小松の三氏は今日の日本を代表する知性であり賢人である。私もこの三氏の著作を愛読したこともあり尊敬すべき人たちである。三氏の話はすでに学問、あるいは科学という領域を越え、何か新しき方向を感じさせる。

進行役

しかし鼎談の進行役の岡田氏と小川氏が、せっかくの方向をうまくつかめずに、従来の学問的な話にしてしまっている。岡田、小川の両氏はこの三内丸山の遺跡についてもっとも精通している人である。しかも縄文学という方向を模索しているという。まだ学問の捉え方を旧来の文明観と知的実証の範囲でしか考えていない。これは新しく見えてすでに古い考えである。三内丸山の世界にせまるには、新しき皮衣を求めるべきであろう。学問とか科学は、この三内丸山を外から観察し客観的に見ようとする。外から見るのでなく、三内丸山の世界に入り込まねばならぬ。

学問が古く悪いのではないかもしれない。現在の科学をとらえる学者が間違っているのかもしれない。何度も述べるが今日の学問はギリシア哲学を源とする。その源のソクラテスは鬼神の声を聞ける人であり、プラトンは事物の背後にイデアを感じた人である。物事の背後に心を響かせた人であるといってもよいであろう。

しかし今日では分類整理を学問としたアリストテレスに偏りすぎている。いや分類整理にのみ心を奪われ、学問の基本を忘れている。アリストテレスでさえこれでは怒るのではないであろうか。

岡田、小川両氏の聞き手は、ゲストの心に何が響いたのかを問わねばならぬ。どのように響き、なぜそう響いたのかを問わねばならぬ。たしかにゲストはこの三内丸山で響いたところを述べている。しかしそれはどうしても実証的になり、内なる心の響きを語っていない。

鬼神の声・イデアの世界

三氏ともたしかに何かを感じ取り、それを語るのだが、まだ一歩描写しきれていない。この世界が充分にみえていないともいえる。イデアの世界がまだみえていないのかもしれない。

たとえば梅棹氏は、この遺跡がいかなる文明の世界であり、神殿がどのような雰囲気であるのかを語っていない。神殿の背後のイデアがみえているような気もするが、その描写がない。

心理学者の河合氏は、この遺跡がどのように氏の心に響いたのかを語っていない。もし氏の尊敬するユングであれ、氏の患者であれば、この遺跡からの「天の気と地の精」を、心の赴くままに語ってくれたであろうに。学者の限界を突破して、思い切ってその思いを、背後に感じた普遍的無意識かイデアについて語ってほしかった。河合氏はユング心理学を、実証的な学問としてでなく、非因果の世界であると述べているようにおもったのだが。天の気や地の精を古い学問から解き放って語ってほしいとおもう。

小松左京氏は縄文の精神文化の豊かさを感じている。進行役の小川氏は、その感性をオーラを感じたのですかと問うている。小松氏はオーラを感じたのかもしれない。オーラをどう感じたのかをもっと語って欲しかった。氏は実証的に語る必要のない人である。もっと詩的に語ればよい。オーラが鬼神の声なのかもしれない。そうすれば新しい哲学が、学問が生まれ、新鮮な世界がみえてくるとおもう。

三氏の語るところをさらに追い求めればよいのかもしれない。現在の学問とか科学とかにとらわれると方向を間違える。間違いはすでに起こりつつある。三内丸山の現地に遺跡の復元がはじまっている。栗の木の神殿も復元されている。しかしその復元は何か心を響かせるものではない。物質という視覚にのみ訴えれば、大きなこの大地の世界からの響きを失わせることになる。

ソクラテスの鬼神の声と、プラトンのイデアに関心を持てばよい。梅原猛氏の心の風土を加えて、梅棹、河合、小松の三氏の響きから縄文の世界を求めることができそうな気がする。壮大なる三山に囲われたこの大地から、天に向かって雄飛する縄文の心が響いてくるのも間近であろう。

栗の巨大木柱

青森の地下から直径一メートルの木柱痕がならんで六本も発掘された。地下二メートルのところで栗の木柱の底部が顔をだした。木柱の高さは二〇メートル以上と推定できる。栽培栗は一〇メートルで枝が横になり、樹高が成長しないという。しかし実際に栗の木は特別の樹種でなく高く延びる樹木である。今日、この栗の木の巨木がほとんどないのは、明治の鉄道の線路敷設のためであった。鉄道の線路敷設には堅く腐食しにくい枕木が多量に必要とされた。栗の木は堅く腐食しにくく、最良の枕木であった。そのため全国の栗の木は伐採されて、今では栗の巨木はほとんど見当たらなくなった。

神殿の柱は永く残る樹木が良い。栗の木が神殿の建設にも最適であったのかもしれない。樹高二〇メートル以上の栗の巨木が求められた。それは現在にも残っていた。巨大で高き栗の木の神殿がこの地に存在したのである。この神殿については多くの説がたてられた。物見櫓、灯台、天文台、神殿、祭祀施設という説が浮上する。あるいはトーテムポールや、巨木の信仰施設や聖なる空間説なども浮上した。

一つの説にこだわることはない。一つの機能で古代の遺産を決定するのは無理である。すべての意味を込めて、巨木の列柱はこの縄文の世界の中核として存在したものであろう。私はこの列柱を栗の神殿と呼んでみたい。

それでは神殿はいかなる形状であったのか。この神殿が現地で復元されている。しかし何かが足りない。それは構造のみの復元で櫓のように見える。もっと神と人との交流を感じ取れるものが復元できないものなのか。列柱があり神がある。天と地の気が集まり通るところとして。

私の心に描かれる栗の神殿は、重なり合う巨大な鳥居である。その重なり合う鳥居には大きな藤蔓《ふじづる》のしめ縄がまわりをめぐる。巨大な栗の列柱は鳥居の柱であり、その上に神々が住まう。柱の上からは神を示すイナウ（御幣）が幾本も幾本も垂れ下がる。

伊勢神宮は弥生時代の稲作の神々である。栗の神殿は縄文の神々であり、栗や栃や豊富な植物の神々があり、縄文の火炎土器を思い浮かべる神殿であろう。祭壇がある。ささげものがある。海の幸や山の幸が高く積み上げられる。そこに楽の音が響き踊りがはじまり、神と人との語り合いがある。

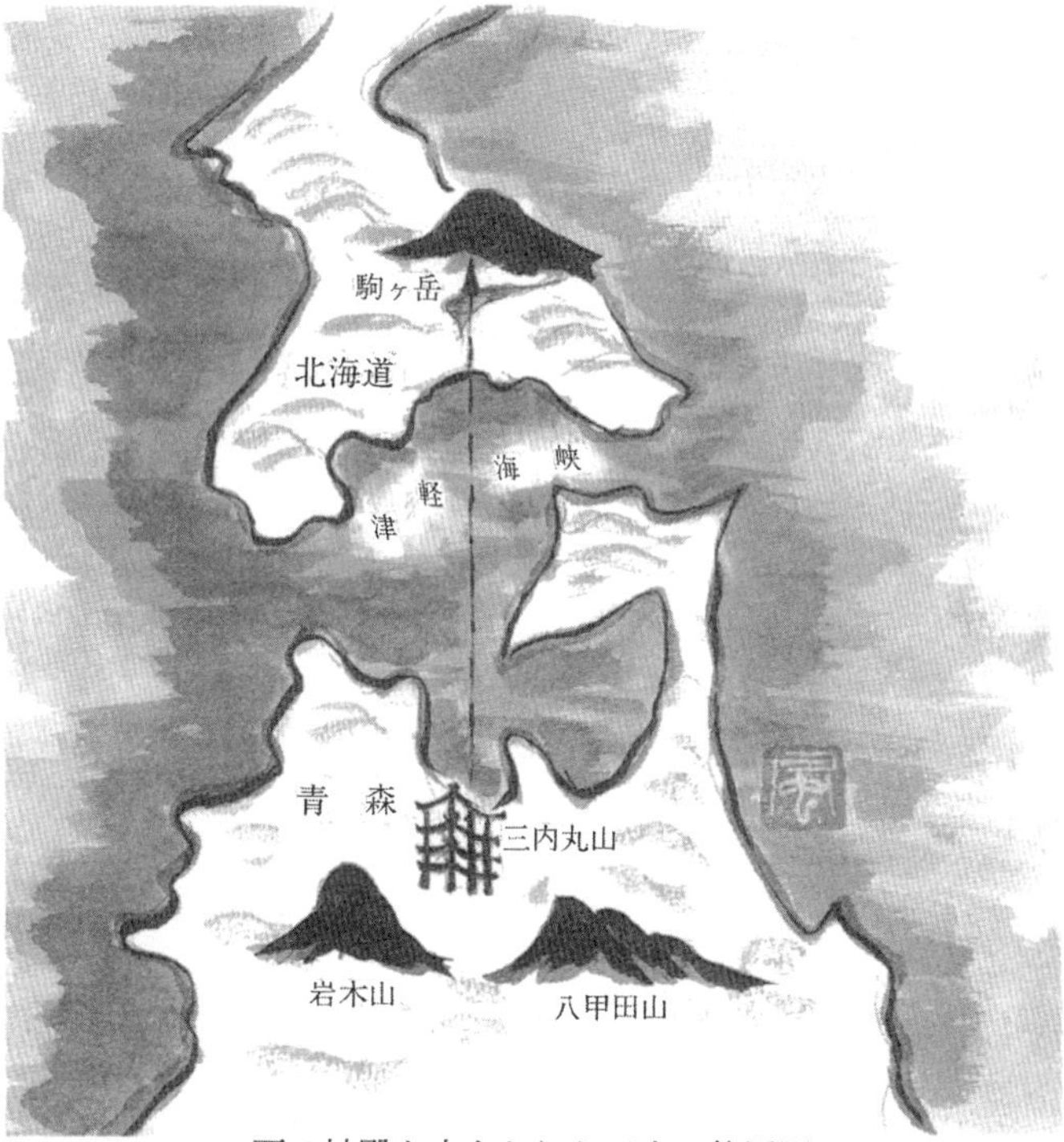

栗の神殿を中心とした三山の位置図

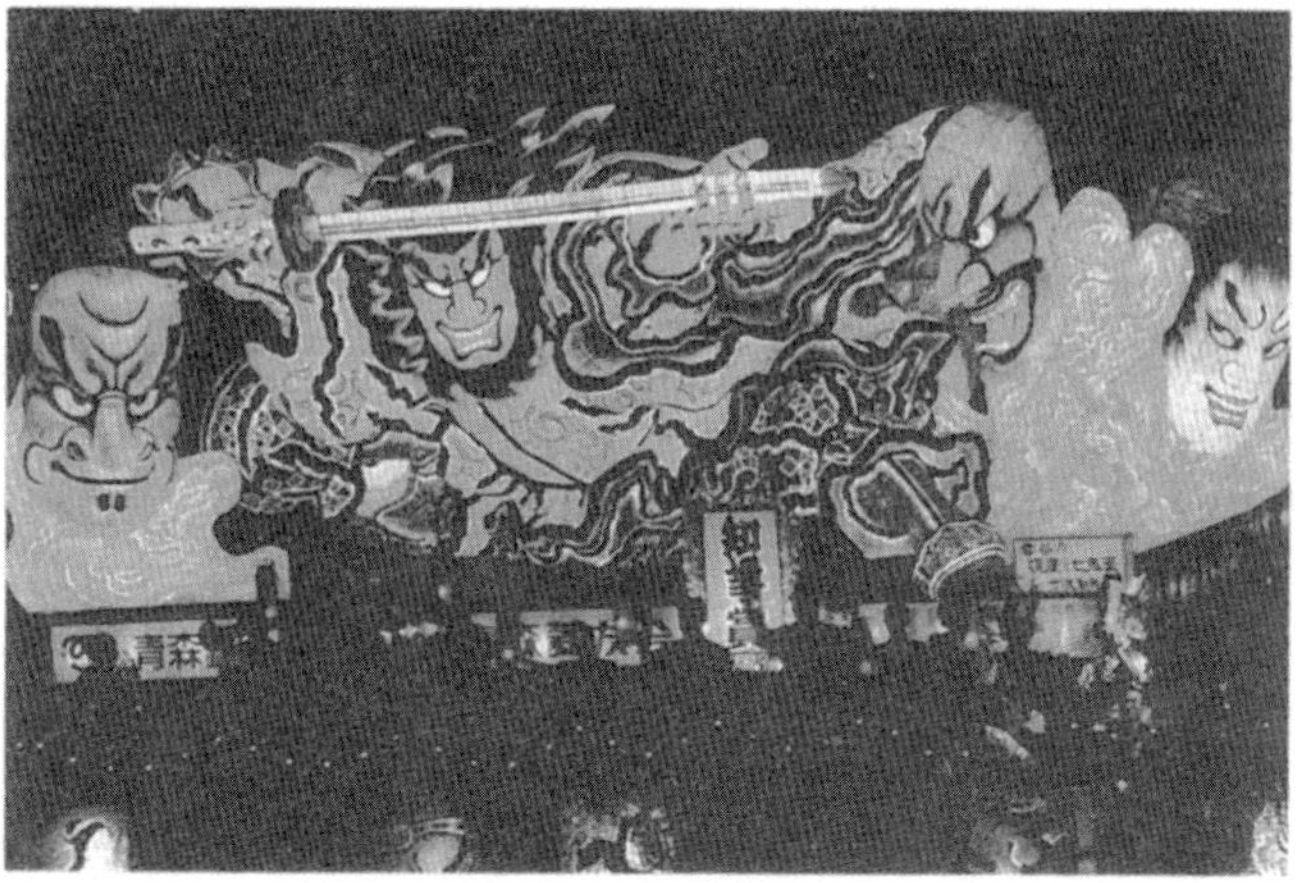

ねぶた祭り

栗の神殿、この神殿の高きに立てば、北は青森の海を越え津軽の海の向こうに北海道が鮮明に見渡せる。また南西には霊山・岩木山（標高一六二五メートル）がそびえ、南東には植生の麗しき八甲田山（標高一五八五メートル）が並び立つ。北海道の優美な駒ヶ岳（標高一一三三メートル）も遠くにしかし鮮やかに見通せる。この神殿が一つの世界の中心にある。三内丸山の人々にはこの地が世界の中心と感じられたことであろう。

実際に北海道の駒ヶ岳が見えるかどうかではない。栗の神殿から駒ヶ岳までは、真北に一四〇キロの距離がある。実証的にいえばほとんど見えないかもしれない。しかし舟で海の幸を求めた人々は、この真北の方向にそびえる駒ヶ岳を思い浮かべることができたであろうし、またひとりでにわき上がってきたはずである。

すでに述べた『空海の風景』の司馬遼太郎氏は、青森の津軽地方を「北のまほろば」と呼んでいる。私はこの三内丸山の地を「北のまほろば、縄文のまほろば」と呼んでみたい。「まほろば」とは伝説の日本武尊《やまとたけるのみこと》が望郷の思いをこめて大和につけた呼び名である。まろやかな盆地で、まわりが山並みにかこまれ、物成りがよく気持ちがいい野であって、気持ちよく心に響きわたる。弥生のまほろばが大和であれば、縄文のまほろばが三内丸山となる。弥生時代の中心の地が大和であれば、この三内丸山こそ縄文の中心地であったのであろう。

縄文文明の環境

新しい本が出版されている。安田喜憲著『縄文文明の環境』である。自然と文明のかかわりをもとに新たな文明原理を提示している。安田氏はすでに幾度か述べた梅原猛氏に見いだされた研究者であり、その研究方向は私の関心の方向とよく似ていた。そこには縄文時代の研究を通じて新しい文明概念の提示がされていた。

「現代文明の危機そのものが、じつは都市や王あるいは高等宗教や文字・金属器の出現に文明の誕生を求める文明概念から発している」と述べている。文明の価値観の逆転である。そしてその文明の基準たる「文字は王が人民から税を搾取するための手段として発達した側面があり、同じく金属器の発達は、大量殺戮という悲惨な戦争を生む原因ともなった」として従来の文明観に疑問を呈している。三内丸山遺跡は新たなる文明観で縄文文明となる。大いなる賛意を表したい。

さらに安田氏は文明誕生多元説を唱えてもいる。古代文明は、気候が乾燥化し、農耕や牧畜にとって不利な環境条件が出現する時代に誕生するという。これから見ると、この三内丸山遺跡も世界の四大文明と同時に、五〇〇〇年前の気候変動の時に起こったことになる。

安田氏の説に同意することは多い。しかし文明の誕生については意見が異なる。アルタミラの洞窟壁画を見てしまえば、すでに三万年から一万年以上前に文明は誕生していた。文明の基準に心をおけばそれは自明であろう。現代人の直系の祖先・クロマニヨン人がその残忍さと悲しさのなかに描いた洞窟壁画はすでに心において文明と文化を誕生させていたといわざるを得ない。安田氏のように文明概念は根本から見直さねばならぬ。私はさらにその概念のなかに心を据えねばならないとおもう。

語りかける歌声

青森の地下から突然出現してきた三内丸山の巨大遺跡は、現在のわれわれに何を語りかけるのであろうか。それは混迷し硬直する現代に明確に語りかける声であるとおもう。この巨大遺跡は現在の学者中心の偏見を越えて、われわれに直接に語りかけてくるようだ。現代文明自体が硬直して久しい。現代の常識はその現代文明・西洋文明からきている。多くの常識は多くの偏見から生じてきた。青森の地下からの巨大遺跡はその現代の常識を破壊するためにあらわれたようだ。

遺跡の語る声は古代の人々も現代人以上の文明を創出してきたことを語っている。三内丸山の縄文の文明は一五〇〇年もの長き文明であった。現代は心の硬直が非常に短い時間で生じている。縄文の文明は自然と人との心の交流があったであろう。そこに永続的な文明が存続してきたのであろう。そしてその底流は現在の日本の文化の深層につながっているかもしれない。知性も感性もあったのである。静かにこの声を聞いてみたい。

設計分析を通して三内丸山の文化遺産の声を聞いてみよう。巨大集落の中核は栗の巨木の神殿の出現であろう。六本の柱は天の気と地の精を通す道であり、神を示すイナウが幾本も垂れ下がる。その形は何層もの鳥居が組み合わさった構造で、藤蔓が絡まり、それはまるで縄文の土器に似る。栗の巨木柱には朱色の漆《うるし》が全体に塗られ、神々の絵が描き込まれたであろう。それはエジプトのカルナック神殿の大列柱室の柱からも、ギリシアの柱からも容易に推察ができることである。

さらに問うてみたい。この栗の神殿の設計者は誰かと。この東北の縄文の人々は、この地を北のまほろばとして心の中核、心のよりどころに位置したのであろう。設計者はこの地の森と海の幸に恵まれた感謝の心をもった人たちである。動物を狩り、魚を捕った残忍さはある。しかしそれを感謝し森と海の神とともに生きた人たちである。南東に麗しの八甲田山、南西に霊山の岩木山、遠く北には北海道の駒ヶ岳を望むこの地こそ心の中核である。

栗の神殿は巨大で高く、遠くはるかにこの世界全体を見渡すことができる。あるいは逆に遠くからもこの神殿の存在は確かめられたであろう。栗の神殿はこの三内丸山の地のみならず、遠く北海道から太平洋のかなたまでの大きな範囲での中核にあたる。北のまほろばであり心のよりどころである。

栗の神殿の巨大技術はやはり悲しみから生まれてきた。大きな土器の盛土は一〇〇〇年の継続があったという。大きな盛土は土器が葬られている。数万に及ぶおびただしい土器が出土した。一面に敷かれた土器が、年毎に層となり一〇〇〇年の時を刻む。そのなかに多くの人型の土偶が葬られていた。その顔は女性であり、嘆き悲しむ顔であった。死に行く仲間に花を捧げて埋葬した、心優しいシャニダールの洞窟のネアンデルタール人を思い出させてくれる。

栗の神殿が建てられる。遠くの人も近くの人もこの栗の神殿からのオーラを感じたかもしれない。天の星を観察し、祈りを捧げたこともあろう。八甲田山からの冬至の朝日を待ち望んだこともあったろう。大地と森から生まれた縄文の文明の中核・栗の神殿からは多くの人々の歌声が聞こえてくる。

栗の神殿の設計者は、この地に天の気と地の精を感じ取った人であるはずである。その気と精は巨大な栗の木を建てることによって実現できる。大きな森を巨大な栗の巨木で表現したのかもしれない。巨木の運搬は人々の心の結集がなければならない。

そのためにはこの東北・青森の地に壮大なる神話が生まれたとおもう。しかし今日までその神話は伝わってはいない。五〇〇〇年の時は長すぎる。わずかに残る神話の痕跡が青森のねぶた祭りの勇ましさかもしれない。海に向かうねぶた祭りの霊。それを栗の神殿は静かに見ているかもしれない。ラッセイ　ラッセイ　ラッセイラー。大きく響く囃子のなかで、巨大な武者や鬼たちや妖怪が踊る。壮大なる神話が生まれた痕跡がわずかに伝えられているようだ。

そこには楽しみも苦しみも悲しみもあったかもしれない。恋の歌や悲しみの歌が混声となって響いてくる。

超幻想の世界・法隆寺

金堂壁画

きらめく天蓋《てんがい》のもと　天女が舞いたち　鳳凰が飛び交う
金色の仏達の背後の白壁に
豊満でなやましく、あるいは妖艶な世界が浮かんできた
今は少しの光のなかで色あせているが
かつての金堂の内部は音曲が流れ歌声があり
炎のなかで浮かび上がる世界であった
仏の世界はこの超幻想の世界であったのか

天女は妖艶可憐なり

五重塔

天を目指してまっすぐに立つ塔
それは巨大な一本の樹木である
塔の中央にまっすぐな心柱
地底には巨岩の心礎
縄文の古くより伝わる心の継承
巨木が天と地の道なのか

中門

中門の真んなかに柱がある
その柱は人を止めるものなのか
仏を閉ざすものなのか
それとも太子の怨霊を鎮《しず》めるためなのか
塔と金堂の中央にある柱
この柱こそ法隆寺の中核であろう

法　隆　寺　　正　面

法隆寺中門　中央の柱

最古の木造建造物

法隆寺は聖徳太子創建の寺として、あるいは世界最古の木造建築としてよく知られている。しかし創建の法隆寺は焼失したという（六七〇年四月三〇日）。それがさらに再建され現在にまで伝わっている。幾多の変遷をへながら現在まで伝わってきた法隆寺に来てみた。南大門から見渡す法隆寺は静かであった。左に五重塔があり、右に金堂があり、その中央に中門が配置されて、均整がとれた落ち着いた雰囲気をかもし出す。この法隆寺から聞こえてくる声は心の落ち着きであった。しかし歩みを進めるとともにそれは大きく変わり波のようなうねりの声となってきた。声を聞くためにさらに進んでみた。

中央の柱

法隆寺の中門の正面の柱は五本である。そのために中央に柱がくることになり、人の歩みを止めるかのようである。この中央の柱については古くから謎とされてきた。しかしそれはたんに偶然に建築の大きさからくるものという人もいる。しかしこの中央の柱を特に注目し、怨霊説をたてた人がいた（梅原猛『隠された十字架　法隆寺論』）。法隆寺の再建は聖徳太子の一族を滅亡に追いやった藤原氏であるという。そのため聖徳太子の怨霊の出入りを封じ込めたのがこの中門の中央の柱であるという。怨霊は死とその悲しみである。面白い説であるとおもう。

ここで法隆寺全体を見ながら設計分析をこころみれば、中核はやはりこの中門の中央の柱に当たると感じた。五重塔と金堂の均衡を支える中央の支点のようにおもえてくる。そしてこの柱からは遠く縄文の声が私には響いてきた。

中門を正面にして塔と金堂をめぐる回廊がある。この回廊は列柱によって構成されている。そして列柱の柱の中央は膨らみを持っている。いわゆる

エンタシス

エンタシスという手法によって作られており、回廊を歩くと柔らかな雰囲気となる。

建造物における列柱についてはすでに多くのことを述べた。まず古代エジプトのカルナック神殿における大列柱室。その柱はナイルのパピルスを表現していた。また古代ギリシアのパルテノン神殿。樹林の表現であり、天空に向かう神々の道でもあった。古代日本の縄文時代、三内丸山遺跡にも列柱は存在していた。巨木の栗の柱は神々の徴《しるし》とさえみえる。

法隆寺の柱の膨らみを古代ギリシアのエンタシスに結びつけた人がいる。明治の建築家である伊藤忠太氏である。文明の東漸説が隆盛した時期でもある。しかしギリシアからインド、中国への影響の解明はできなかった。

この柱の膨らみを遠くのギリシアに結びつける必要はない。樹木を知り、それを愛した人々が作る建造物なら柱に膨らみを持たせてもいいのではないか。縄文の時代の列柱、栗

の巨木の柱は、自然の栗の木を尊重すれば柱は膨らみを持っていたことであろう。

五重塔

五重塔は優美な美しさを持っている。五層の屋根は大きく張り出し、上から下へかけてしだいに大きく安定感をましていく。屋根の甍《いらか》は羽毛のごとく、また雲形組み物が積み重なって大きな翼になり天に向かう勢いとなっている。塔の先端にかざられる相輪はインドのストゥーパを形作っているという。そしてこの塔をみあげるとき私には大きな巨木の下にいる安らぎが感じられた。

塔の構造は外側に一二本の側柱があり、内に四本の四天柱がある。そして塔の中央に太く長い心柱がある。天から地下に向かう一本の道であろう。心柱は掘立柱であり地中に埋め込まれる。すでに金堂でも礎石の上に柱が置かれる工法が定着するなかで、掘立柱は縄文時代から弥生時代にかけて建てられている。古来からの伝承が感じられる。さらに法隆寺五重塔に見られる心柱のように巨木を中央に置く伝承は、出雲大社や伊勢神宮の中央に置かれる柱を心の御柱として連綿と続いている。その伝承は縄文の古くから続いているようにおもわれてならない。古代神道は神が柱を通して光臨してきたと信じられていたようであり、たしかに神々を一はしら、二はしらと数えている。

その心柱の地下に巨大な石の心礎がある。そして心礎の中央を少し穿《うが》ち舎利（釈迦の遺

法隆寺内部　全　景

法　隆　寺　　金　堂

骨）を納めている。五重塔はたしかに心柱の下の心礎に釈迦の舎利を埋めている。仏の寺として最重要の宝であろう。しかしこの心礎は建造物の礎石としてはあまりにも大きい。巨石に神の宿ることを信じてきた心があった。磐座、岩座は巨石に神が降臨する場であった。

巨木へのあこがれはすでに述べた三内丸山遺跡の栗の巨木の列柱である。諏訪大社の社殿の四本の御柱が神の降臨の場として信じられてきた。

五重塔をのみ設計分析すれば、その中核は明確に中央を貫く心柱であり心礎であろう。天と地の通路である。大地の巨石への信仰と、天への巨木への信仰である。それは生き物の精霊を感じ取れるアニミズムである。それは心の奥に森のなかの生活を懐かしむ風土的無意識なのであろう。

この五重塔から響いてくる声は、縄文の時代から森のなかの聖霊や神々が樹木と巨石になって伝えてくる。それは天と地の通路としての心の継承のように感じられた。

超幻想の世界・金堂

仏の世界が金堂にある。釈迦三尊があり薬師如来があり多くの仏達が住む世界である。この仏達が金色に輝いていた。しかしその背後にある壁画に描かれた世界に目を見張るものがあった。白い壁と朱色の柱。その柱は胴が大きく膨らむエンタシスである。壁画はくすんでいるがうごめくものがある。金堂内は暗く見にくいが、光があればたしかに幻想の世界であろう。金堂壁画は昭和二四年にほとんど消失してしまったのである。その壁画を絵師達が復元した再現展がおこなわれていた。

仏の世界は何となく死の世界に思えていた私にとって再現展は衝撃であった。豊満な仏達が婉然《えんぜん》とならんでいた。熱帯的で鮮烈な色彩の魔術の世界にもおもえた。池に蓮の華が咲き乱れ鳥が飛び蝶が舞う魔法の森。朱色の線描で描かれた仏達は豊満で色白く腰をひねりエロチックにさえみえた。天女が舞い蓮の華が咲く世界は超幻想の世界であった。

仏の世界には物語があり思索があり愛があり感動がある。この壁画を見ればその幻想の世界に踏み込むことになるであろう。再現壁画は描かれた当時を再現するのではなく、すでに千数百年をへて剥落し色あせた消失前の壁画の再現であった。そこで描かれた当初の壁画を思い浮かべるならば、朱色のなかの緑とあでやかな彩りからそのままの極楽を写しだしていたのだろう。

朱衣の阿弥陀

壁画の一つに東洋絵画の絶頂といわれた阿弥陀浄土図がある。朱の大衣を着た阿弥陀像を中心にした浄土図であるが、その朱衣がくすんだ茶色になっている。朱衣に特に興味があるのは、縄文の三内丸山遺跡でも鮮やかな朱色の漆器が見つかったからである。さらに一九九六年に発掘された奈良の島の山古墳の木棺内に鮮やかで多量の朱を目にしていたからである。法隆寺の西側にある藤ノ木古墳の石棺も朱塗りであった。朱は血の色であり、残忍さと悲しみをあらわしている。朱は朱色の太陽のように、何か生と死にかかわる重要な意味をもっているようだ。そこで思い切って当時の朱色をみたくなって、自己流の復元図を描いてみた（口絵参照）。鮮やかな朱衣が浮かび上がってきた。描くことによって画工達の技量の高さと力強さが伝わってきた。

この壁画についても学者達は稚拙であると述べていた。たとえば両脇侍の菩薩について、頭の宝冠と顔の向きが違うとか、手が大きすぎるとした。さらに絵は線で描くものではないともいった。しかしこれらはすべて仏の世界を描くに最適な方法であった。エジプト絵画で述べたように、現代文明が頂点にいるという奢《おご》りがそのまま評価となってあらわれている。なぜ多様な文化をそのまま敬意をもって受け入れないのであろうか。

極楽浄土図というのは現代のわれわれには何か色あせて響くが、当初は色鮮やかで妖艶な超幻想の世界を表現したものであった。この壁画群はインドのアジャンターの壁画から敦煌の壁画をへて中国に入る。そして長安や洛陽の寺院で描かれた壁画であったかもしれない。その影響のもとに画法を学んで日本に渡ってきた人達の作であろう。この金堂の世界を思い描いた人は画工なのである。しかしこの仏の世界を求めたのはやはり聖徳太子の心の世界であったとおもう。

　では聖徳太子が仏の世界を理解したのはどうしてなのであろうか。仏教の経典から仏の世界が理解できたのであろうか。文字を読むだけでは豊かな世界は想像できないであろう。太子の心がすでにその世界を描いていたとしたほうがわかりやすい。仏典はその啓発であり、触媒であったのではないか。私は仏教の書籍を読んで理解はしたがその世界は浮かんでこなかった。この金堂壁画を目にすることで仏の世界をやっと浮かばせることができた。

　法隆寺は一度焼失し再建されたという説が有力である。そしてまたその再建が誰によってなされたのかはわかっていない。すでに述べた梅原氏の太子の怨霊鎮《しづ》めの説が面白いとおもう。法隆寺全体が死の雰囲気を漂わしているという。人が築き上げた文明・文化は残忍さと悲しみと優しさを持つ。金堂壁画の妖艶な世界は太子一族の滅亡という悲しさのなかから生まれてきたのであろうか。怨霊は死の残忍さと悲しさから生まれてくる。

　金堂を設計分析してみればその中核を中央に位置する釈迦三尊にするであろう。中核は人によって感じ取れるものがちがうかもしれない。ここで私にとってもっとも大きく語りかける響きは、金堂内部の周辺に描かれる壁画群であった。当初の色鮮やかな壁画を思い浮かべるならば、妖艶な仏達がいる、朱色の世界である。それは太子が感じた広大で深い仏の世界であった。

中宮寺　弥勒菩薩

法隆寺の横に小さな寺がある。聖徳太子建立七ヵ寺の一つ中宮寺であり、そのなかに可愛い仏さまがいらっしゃる。木造の半跏思惟《はんかしい》像であり弥勒《みろく》菩薩像であって、飛鳥文化の代表作でもある。金堂壁画の豊満さとは対照的であり、不思議な安らぎを覚える。

法隆寺の建造物について述べてきたが、法隆寺はまた仏像の宝庫でもある。金堂の釈迦三尊像をはじめ幾多の国宝級の仏像がある。そのなかでも特に関心が持たれるのは聖徳太子の現《うつ》し身と伝えられる救世観音がある。また八頭身の美しい百済観音がある。これらの仏像は心を揺さぶるような感動をもたらしてくれる。

しかし心の愛らしさと安らぎをもつ日本的とでもいえる響きは、この中宮寺の弥勒菩薩であった。豊満な壁画の世界や怨霊の世界を越えて安らぎの世界をあらわしている。木造であって、日本の風土から柔らかさが響き伝わってくる。それは森の聖女であり妖精のようである。

語る響き

法隆寺が語りかける声を聞くために設計分析をしてみることにする。設計分析は、まずその作品の中核を求めることが重要としている。法隆寺の中核は中門の中央の柱であると感じられた。それは今までの作品の中核という意味ではなく、五重塔と金堂という作品の二つの均衡を取る支点という意味で、中核に当たると感じられるのである。

さらに設計分析は設計者の心を求めるために、法隆寺の設計者自身を求めることになる。創建法隆寺はたしかに聖徳太子であるが再建法隆寺の設計者は不明である。この再建にはたしかに聖徳太子の一族が滅亡したことと関連があるであろう。太子の怨霊を鎮めるためであったかもしれない。その怨霊と矛盾した妖艶さが金堂の内部にはあった。

近年、この法隆寺の再建説に対して新たに疑念を持つ説があらわれてきている。木材の年代測定の技術からであり、また法隆寺の様式が再建年代より相当の古式であるということからである。ここではその再建、非再建にはあまり立ち入らない。それは現法隆寺がより古くからの心の継承を表現していることが明確に感じられるからである。

法隆寺は太子の心の表現である。聖徳太子が夢見た世界がこの法隆寺には鮮明にあらわされている。それは千数百年の長きにわたり修理を繰り返してきた人々の心の伝承なのかもしれない。木造の建造物が腐らずに絶えず存在するには絶え間ない修理の努力があったであろう。法隆寺の設計者は聖徳太子であるが、その太子の心を伝承してきた人々であるともいえるであろう。

ではその心とは何であるのか。南大門から見渡す法隆寺。中央に中門があり、左に五重塔、右に金堂がある法隆寺。そこから語りかけてくる響きがその心であろう。

塔からはまっすぐに延びる巨木の響きがある。樹木の精霊か、森の響きか。それはわが国の固有に持つ風土の響きであるらしい。大地には心礎が根を張り、心柱が天に延びる。天と地の通路である。縄文の古代から、弥生の時代をへて、伊勢神宮、出雲大社の神殿をも含む掘立て柱は樹木の心の伝承であろう。その伝承が飛鳥の法隆寺となり、現代までも伝え来ている。

金堂の内部は仏の世界。天竺で生まれ隋をへてわが国に来た仏の世界。その世界を余すことなく表現している幻想の空間である。天女が舞い仏が生きている世界であった。

塔と金堂、それはわが国固有の風土の世界と、異国の世界を表現している。それはまた心の無意識から見れば、風土的無意識と普遍的無意識のなかの表現かもしれないとおもう。それらの世界は聖徳太子の心の世界を映しだしているのであろう。

太子の最後の言葉は「世間虚仮《こけ》　唯仏是真」であった。それはこの世は一時の仮の世界であり、仏の世界こそが唯一の真の世界であるとの意味であろう。文化遺産としての法隆寺からの響きは、法隆寺の世界こそが太子の真の心の世界であったと語っている。

青龍昇る安土城

青龍昇天

風雲乱るる戦乱の世に青龍昇天す
桶狭間で疾駆《しっく》し長篠で待機する
安土城天守に整然とならぶ礎石の列
中央に礎石なく天守中核の空白
地中に巨大なる蛇石を埋め
大地の精気を天に向け
安土の城は天と地の軸

安土城　青龍昇天

臥龍《がりゅう》は天に雄飛する
天下布武を目指す青龍・織田信長

戦乱の世を疾駆した織田信長の居城・安土城は本能寺の変の後、混乱の中で炎上焼失した。黄金の天守を持つといわれた安土城は灰燼《かいじん》に帰し、今は石垣のみが残っている。

神か　魔王か　青龍か

天下布武の理想を掲げて戦乱の世をまさに制覇した拠点・安土城は灰燼に帰してしまったのである。石垣のみの安土城から語りかける声がわれわれの胸に響くのであろうか。安土城を訪れ、その中核を感じ取り、信長の声を聞いてみたいとおもう。凄絶《そうぜつ》な戦いが繰り広げられた時代を新しい時代に導いた信長は、今日の硬直した文明の転換点において、是非その心を訪ねたい人である。しかし信長は比叡山焼き討ちという陰惨な事件の指導者でもある。神であるかもしれない。残忍な魔王であるかもしれない。心に悲しみと寂しさを持つ人なのかもしれない。私は信長を天に向かって飛翔する青龍であると感じとる。そして信長の声を聞いてみたいとおもう。

灰燼に帰し、石垣のみを残す安土城の語る声を聞くためには、その中核を探さねばならない。文化遺産たる設計作品はその設計者の心を表現している。設計者・信長の心の深層は、残された安土城の中核にあるであろう。

安土城に登る

中核を求めて安土城に登った。南から北に一直線に上昇する大手道は、いままでの城の鍵型に曲がった道とはまったく異なっていた。そしてその幅広い大手道の両横には各屋敷の石垣が水平に積まれている。さらにその上には整然とした城勾配の石垣があり、その方向は変化する。狭い登り口からついに広場にたどり着く。一気に登るには高すぎる所である。これがかつて豪壮を誇った安土城の天守台跡であった。

その天守台の広場は樹木で囲われていたが、北の方面が開けていた。秋の晴天の時は、ここから琵琶湖が遠く霞んで見え、神の島という沖の島が横たえている。冬の雪の日にも登ってみた。空気が澄み、遠くの北の山々までも鮮明に見て取れた。真北に当たる竹生島《ちくぶじま》さえも見えたような気がした。

手前をみれば稲穂がたなびく田園地帯であるが、昔は琵琶湖の内湖であり、葦が繁茂している美しい景観であった。山々があり、悠々たる琵琶湖があって、葦が繁茂し水鳥が飛び交う。

天守台跡の広場にもう一度目を転じてみた。多くの礎石が列をなしていた。天守を支える数多くの柱の荷重をこの礎石は支えていたことであろう。しかしその中央に礎石がない。ぽっかりとその中心が空いていた。周辺を整然と並ぶ礎石に囲われたなかで、まさにその中心には何もない。安土城を目指し、大手道を登り、石垣に囲われた天守台に着く。そしてその天守台のあとには整然と並ぶ礎石群があった。しかしその中心は空であった。

中　核

その天守台の中心に立ってみた。それは大地に通じ、天に通じているような空であった。信長の目指した「天下布武」の思いはこの安土城のまさに中心に空としてある天と地の軸でないかと感じた。安土の山の頂点に立った青龍・信長はこの地より天に飛翔すると感じるのは、礎石群の空白に立ったためであろうか。

安土城の頂点、天守台の中央、整然とならぶ礎石群の中央の空白こそ中核ではないであろうか。安土城の中核が信長の心の深層をあらわしていると思う。しかし中核が、なぜ時を超えて設計者の声を伝えるのかはわからない。

中核とは何なのか。なぜ、心が響いてくるのか。それは人の心の構造と結びあっているからであろうか。宇宙の構造とかかわりがあるからであろうか。答えは用意されていない。

天守台礎石群　中央の空白

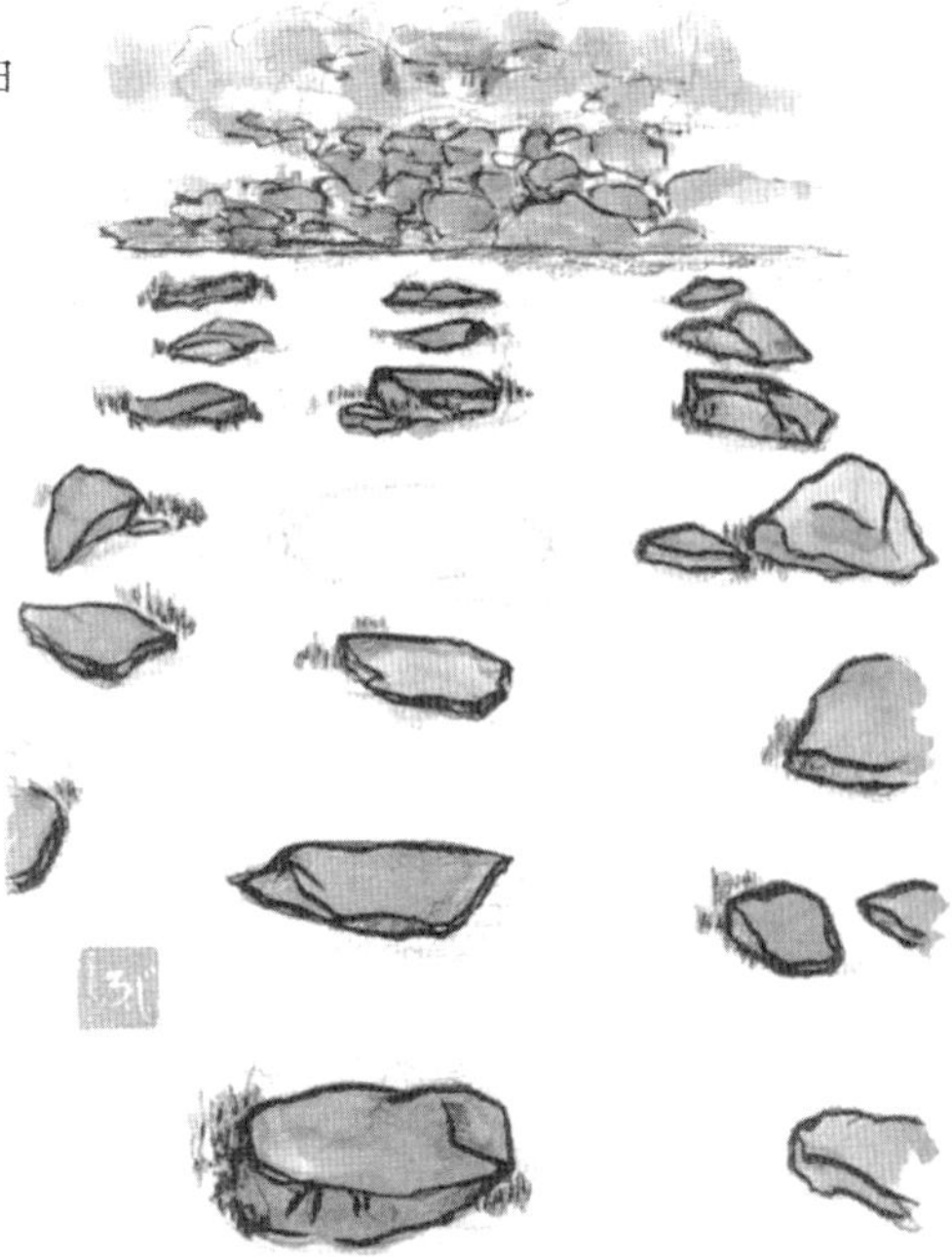

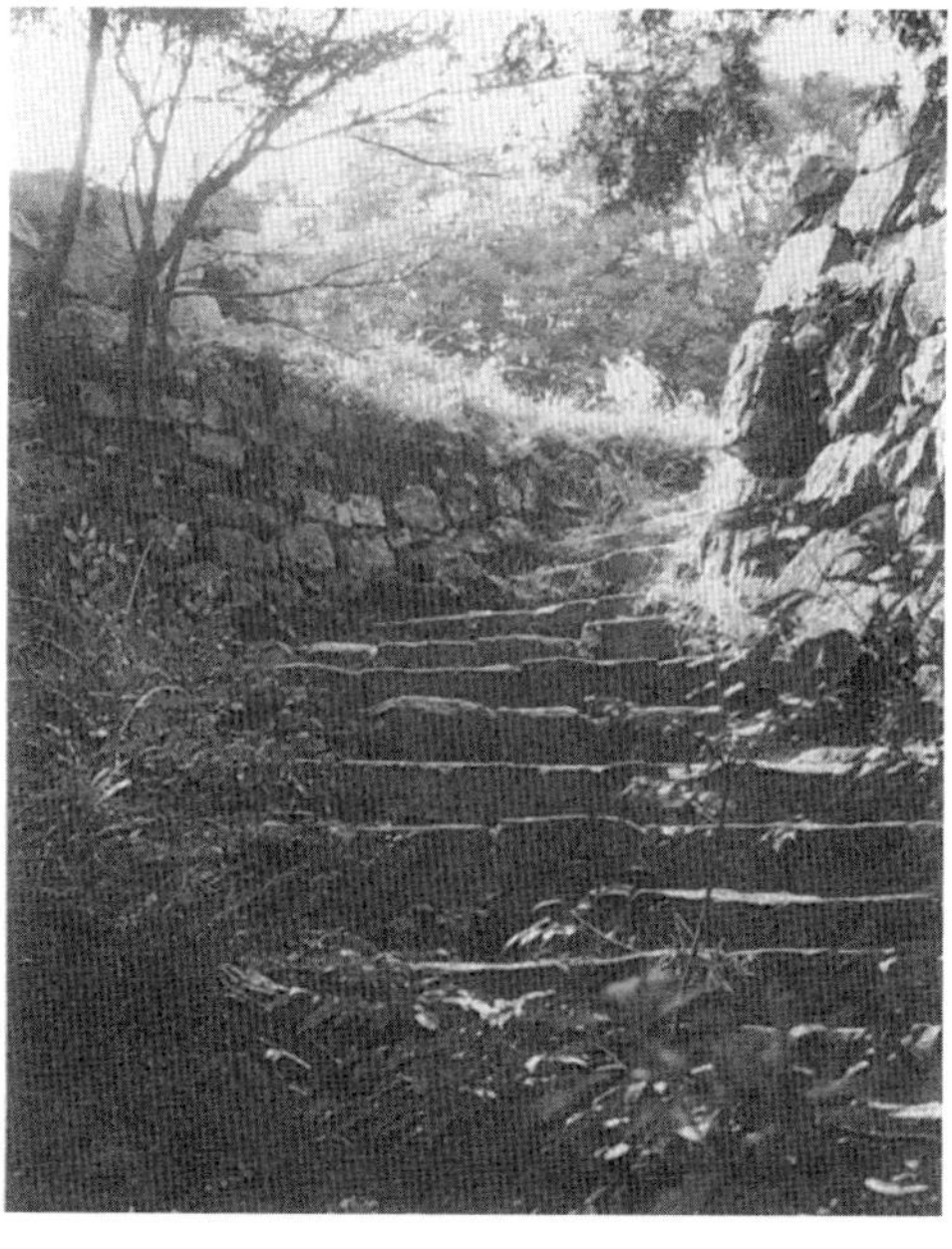

天守台　登り口

それは設計分析における経験であるとしか、今はいえない。
天守台中央の空白が中核である。それをはじめから確かめてみたい。

炎上の安土城

「天下布武」を掲げて戦国の世を駆け抜けた天才児・織田信長が築いたのが安土城である。安土城は琵琶湖の東部、大中湖という内湖に突き出た安土山の頂上に建てられていた。当時、安土山は湖面から高さがおよそ一一〇《メートル》の細長い三角錐のような島であった。そしてその頂点に立てられたのが天守である。

信長の建てた安土城は城郭史の上で画期的なものであり、近世の大天守の先駆をなすものであった。しかし、安土城はその天守が建ってわずか二年で炎上した。天正一〇年（一五八二）のことである。いうまでもなく明智光秀の反乱による本能寺の変で、信長がなくなり、その余波で炎上したのである。ただし余波といえど原因があるはずであるが、誰が炎上させたのかはいまもってわかっていない。その天守がいかなるものかは、すでに江戸時代から興味が持たれたが、その時点でその形状は幻であった。

当時の安土城を南正面から遠望すれば、島全体が石垣で覆われ、櫓や土塀の上に瓦屋根が何層も重なっていただろう。それは古代エジプトのピラミッドを彷彿《ほうふつ》させるものがある。ピラミッドの頂上は黄金に輝いていたというが、この安土城もその頂点というべき天守の屋根は金箔で光輝いていたという。

黄金の輝きは太陽の光を反射し、人々の心に活力をもたらしたかもしれない。金閣寺の黄金の輝きが、信長の心に強烈に映じたのであろう。城の上に金閣寺をもってくる、いやピラミッドの上に黄金の輝きを具現する着想は並ではない。

この三角錐の安土山は底辺を南にとり、その先端を北にとる。南正面から直線に登る大手道はそのまま天守閣にまで届く。大手道から夜空を見上げれば天守の上には北極星が輝くであろう。

調査報告書

すでに述べたように安土城は炎上し、城郭のみを残す。そして長い年月の放置で、瓦礫《がれき》の山を築いていた。初めて本格的な調査がなされたのは一九四二年であり、まずその調査報告をみてみる。『滋賀県調査報告書　第十一冊』である。そこには多くの報告がなされているが、設計分析でもっとも関心のある天守阯《あと》について抜粋してみる。なお天主と天守は語源的に異なるが、本書は学術用語の天守を用いることにした。ただ資料などにより天主を用い、この報告書も天主を用いている。

天主阯の調査　着手前の状態

天主台石垣の外側は、その上方約三分の一ばかりがすべて崩壊し、……天主台はこれら土砂の巨大な盛土のごとき状態となりて、石垣の形状などほとんど不明に近く、天主内部石蔵（地階）周囲の石垣も同じくその上方は裏込栗石や土砂もろとも、石蔵内に崩壊堆積、かつ天正消失の際の焼土、瓦礫《がれき》、または永年にわたる腐葉土が石蔵内一面におおいかぶさって旧礎石は全面尺余の厚さに埋もれていた。

ここで石蔵というのは、現在は整備されて整然と礎石がならぶ天守が建つ石垣の上の地盤である。そしてこの報告書は安土城が焼失した天正時代より放置された結果、土砂の山のような状態になっていたと述べている。つぎに礎石の中央の空白部について述べている。

堆積土砂および石垣石類を取り除くなか、礎石全面に当初の叩き漆喰《しっくい》層の存在を発見した。

石蔵内部は不規則の六辺形の平面をもち、……この平面内に東西十列、南北十列の礎石が配列され……礎石の数は本柱礎石と推定されるもの九十一個、その他束石《つかいし》または控え柱礎石らしきもの十数個あり、かつ中央部の柱真に相当する地点に礎石を欠くほかはすべて完存しているが、……この中央部には当初より礎石がなかったものと考えられた。

中央礎石は建造当初からなかったようである。さらに報告はつづく。

中央柱真の礎石の欠除せる部分を見るに、その部分には漆喰の跡が認められず、……その部分を掘り下げたところ、約二尺平方の大きさにて深さ四尺ばかりの穴ありしことが判明した。

以上の報告から、天守（天主）台の中央部におよそ幅六〇センチ、深さ一・二メートルの穴があったことを明確に述べている。何かがこの中央の空白の地下深くにあるのであろうか。少し心を飛翔《ひしょう》し、大きな空から全体を見渡して見たほうがよい。この空白の地中をもう少し深く探してみようとおもう。

蛇　石

安土城には大きな謎が一つある。巨大な蛇石《じゃいし》という岩石が不明なのである。築城の時の最大の巨石が蛇石である。それは信長が自ら音頭をとり、笛と太鼓で囃し立て、一万余の人数で三日三晩かかって引き上げたという。そして少し滑り落ちたとき一五〇人もの人間が圧し潰されたという。このような巨石の大きさはどのようなものであったのであろうか。

巨石の運搬について有名なのが飛鳥の石舞台古墳の巨石運搬である。天上石の最大の巨石は長さ三・七メートル、幅五・一メートル、厚さ二・四メートルで、重量八〇トンである。これを少しの坂で修羅に載せて引くと、七〇〇人が力一杯出さねばならないという。

巨石の運搬には困難がつきまとう。大勢で引っ張っても動き出さないかもしれない。蛇石の運搬には一万人とも五〇〇〇人ともいわれる。石舞台古墳よりはさらに大きな巨石の引き上げを信長は必要とした。

巨石の運搬については、すでに述べたエジプトのピラミッドの建設を思い出してもらいたい。遠くのナイル川からもその建設を多くのエジプトの民が眺めていた。そしてピラミッドの中核は中心にある大回廊であった。安土城はピラミッドそのものの形状をしている。ピラミッドの中央に大回廊があったように、安土城の中央に建設のエネルギーが集中していてもよい。さらに法隆寺五重塔にも巨大なる礎石が地中に存在する。

巨大なる蛇石は、信長の志の根底に必要であったはずである。それほどの巨石がどこにも見あたらない。巨大な巨石は安土城のどこかにあるはずである。私がその蛇石を安土城の根底・中核にあるはずだと感じても許されるであろう。そう、この巨大石・蛇石は天守台中央の空白の下深くにあるはずである。

縄文の繖山

蛇石の運搬とその意味は何であろうか。信長に安土城天守台の地中深く、蛇石を埋めるという心が生じたのはどうしてであろうか。安土城は繖山《きぬがさやま》という山並みの南端にある。この繖山を北上すると能登川の伊庭《いば》にでる。

伊庭の坂下し

巨岩　岩船

この伊庭の祭りを見ていると、巨石の運搬を思い出す。伊庭の坂下しという、神輿《みこし》を崖から下ろす祭りである。その祭りの光景を話してみよう。

坂下しの道は参道ではない。それは岩の崖であった。ここを重量三〇〇貫の神輿が下る。ヨイノコヤーノのかけ声がこだまする。神移りがあった。御幣《ごへい》があった。神輿は縄で巻き付けられる。隙間もないほどに縄だらけに神輿がなって、その縄によって、人が神輿にへばりついて一体となる。岩と岩とのあいだに神輿が滑り、人が挟まれ下りおりる。縄の力が石を動かし人を活かす。岩の崖を神輿が人と共におり下る。縄の力を信じるのは太古の縄文の時代から学んできたのであろうか。

その勢いを信長は見たであろう。少し根拠はある。この伊庭からは側面の安土山が一望できる。この安土山全景が見渡せる伊庭の繖山に登らぬはずがない。この祭りは琵琶湖の対岸の日枝山王社から招来されたと伝えられるが、この荒々しさはもっと古い風土から来ているであろう。この繖山には縄文時代の名残があり、巨石信仰も残る。

それでは蛇石とはどのようなものであったのか。伊庭よりさらに北上し、猪子《いのこ》という集落にでる。猪子の繖山には巨石が散在し、古来から巨石の信仰がある。

信長の蛇石は巨岩であったという。繖山に巨岩が多く古くよりの信仰の対象となる。岩船という巨岩が信仰されている。琵琶湖の対岸より神が渡り来たものである。巨大であり、重量数百トン、迫力ありこのようなものが蛇石でなかったかとおもう。

蛇石の蛇は縄文時代でいえば大地の精気に他ならない。土器の形に蛇が描かれている。大いなる大地との結びつきが、縄文の精神の継承として蛇石にあらわれる。

信長はこの伊庭の坂下しと猪子の岩船を見たであろう。そして縄文時代の迫力を感じたのかもしれない。蛇石は蛇の巨石、縄文の力を発揮しよう。信長の天下布武の志に縄文の力を必要とした。蛇石は巨大であり、それを縄という力で大勢の力の結集で引き上げる。この蛇石が安土の中央の地下で眠っていても不思議ではない。

青龍・信長の心はまだ地下深く、蛇石の上で眠っているようだ。

天才児・狩野永徳

織田信長は寡黙である。その心を垣間見ることは困難である。しかし通じ合えるとおもったところがあった。絵についてであった。安土城の天守には豪壮な絵が描かれていたという。狩野派の天才児・狩野永徳の絵である。永徳を見いだし育てたのは信長である。永徳の絵が信長の心に響いたのである。その永徳の絵を見れば信長の心に近づけるかもしれない。

永徳の絵は安土城や秀吉の大坂城にあった。しかしその両城とも焼失して永徳の絵も見

四季花鳥図（狩野永徳筆　大徳寺聚光院蔵）

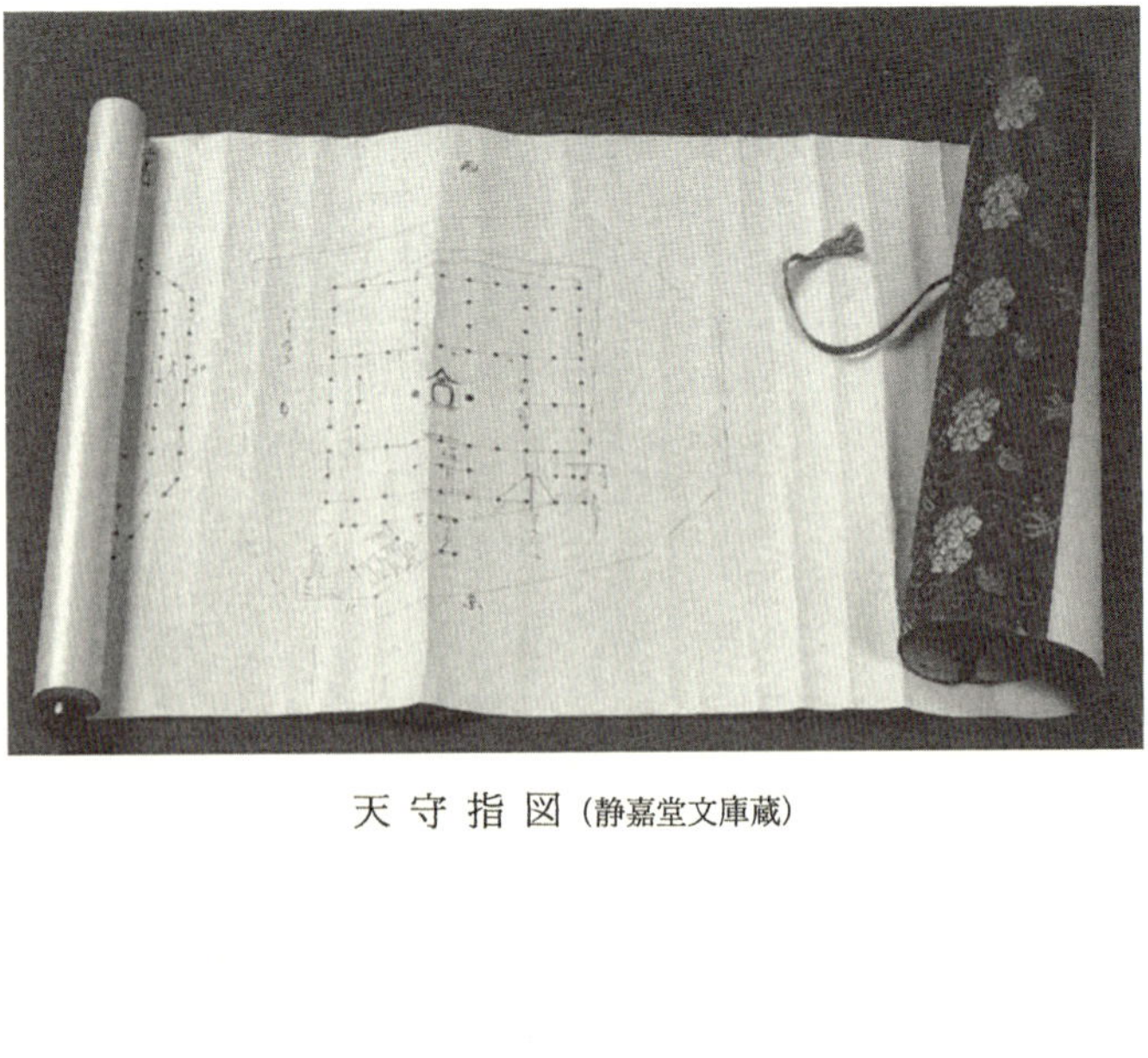

天 守 指 図（静嘉堂文庫蔵）

つけられない。わずかに残る絵が大徳寺の聚光院にあった。永徳二四歳の時の襖絵《ふすまえ》「四季花鳥図」である。中央に梅の巨木が描かれている。その巨木の荒々しさと筆の勢いは類を見ない。

この絵の感激の描写は小説家に譲ろう。小説『安土城玄記』（阿刀田高著）を読んだ。感動が伝わってくる。「ひとめ見て心がひかれた。血が騒いだ。こんなことはめずらしい。突飛な連想だが、私の感動は美意識の問題ではなく、私の遺伝子のなかに、この絵の書き手に関わる何かが潜んでいて、それが躍動しているようにさえ思えてならない。絵が呼びかけ、私の心がこれに応えようとしているような、そんな不思議な感触を覚えた。爆発を前にした若者の妖しい力を感じさせられた」。

永徳を見つけだした信長の眼力はやはり恐るべきものがあるとおもう。永徳の四季花鳥図に描かれる梅の、天に対して屹立するその上昇力と、安土城の天に対する上昇力が同じ性格のものと私には響いてきた。信長が築き描いた安土城は、まさにこの勢いのある巨木の梅のごときものではなかったかとおもう。

建築家の復元案

幻の名城として安土城は大きな関心を古来より寄せられてきた。そして数々の復元案が提出されている。その復元案はほとんど建築家によるものである。安土城はたんなる建築とみてよいのであろうか。とりあえずその代表的な復元案について述べておきたい。

従来よりも画期的な復元案が発表された。内藤昌氏が発見した「天守指図《さしず》」にもとづく『安土城の研究』である。「天守指図」は巻物であり、内藤氏が東京の静嘉堂文庫のなかの池上家の史料のなかから見いだしたものである。壮大な天守の図が各階の平面図としてあらわされている。しかし、その巻物のどこにも安土城という文字は明記されていない。これが安土城の指図であるとするのは、天守台の実測図を改めて描いてみた結果、石垣外辺が不等辺八角形であり、石蔵内部が七角形となり、「天守指図」ときわめてよく合致するからとされている。

この指図の描き手である池上右平正治の創作ではないかという疑念が生じる。それに対して、内藤氏は安土城が天正一〇年に焼亡後、近年まで放置されていたのであるから、その複雑な形状を創作できるはずがないと反論している。

内藤氏の復元案をもとに、天守の部分の原寸大の模型が復元されている。また全体構造も展示されている。それによると構造は大胆に吹き抜け構造であり、その吹き抜けの中央に大きな宝塔が設置されている。天守の部分は黄金で囲われ、柱は朱であった。

この内藤案に異論があって、宮上茂隆氏が反論している。宮上氏の反論はそれなりに的を射ているようだ。しかし、宮上氏の復元案は、私から見れば、その外観の形状は内藤氏の案とよく似ている。けれど内部は中央の吹き抜け構造がなく、宝塔の代わりに金灯籠が描かれている。その復元案の大きな違いは、復元資料の取り扱い方であった。

論争はしてもよい。しかし歯車は嚙み合っていない。内藤氏と宮上氏の復元案はまったく異なる。面白いのは復元的研究が合理的で実証的であるはずであるのに、資料の判定や使用法がまったく違う点である。

まず新資料の「天守指図」についての取り扱いがまったく違うのである。内藤氏は全面的に信をおく。それに反して、宮上氏はその資料を無価値であると断定する。これは「天守指図」がそのなかに安土城の関連する文字が見られないからでもある。

しかしこの対立の根本は安土城復元に対する研究姿勢の違いによる。宮上氏はより実証的で確実性を重視する。これに対し、内藤氏は非常に実証的態度でありながら、ある地点で飛躍する。この飛躍というのは事実の直接の関連はないが、総合的な関連から推定するのである。ある意味では直感によるのである。内藤氏にとって、直感とされるに不満があるかもしれないが、「天守指図」を安土城の図としたのは直感であるとおもう。

設計分析からみて、直感こそ文化の発展の原動力であって、実証というものは直感に追随するものである。直感こそ心の世界の統合的な力であるといってもよいであろう。直感のない実証性は何事をも生みはしない。

安土城の城郭の変形八角形と「天守指図」に大きな関連があるというのは私の直感にもあっている。「天守指図」を全否定するのもむずかしい。しかし、「天守指図」を全肯定する内藤氏の復元作業案には大きな疑点がある。内藤氏の説は鋭いが、どうも「天守指図」を全肯定すると、構造的にも内容的にもおかしな問題が山積する。たとえば、大きな二本の通し柱が、構造上たんなる橋を支えるのみというのはどう考えてもおかしい。吹き抜け空間の真上にある舞台も意味はない。宮上氏の指摘を内藤氏は謙虚に耳を傾けるべきだとおもう。

建築家の復元案は実証を旨とする。それでも食い違いは大きい。私からみれば、どちらも現実の天守台の中央礎石が空であるということに重きをおいていない。中央の宝塔案も金灯籠案もおかしいのである。両案は信長の心を感じていない。天守台の礎石群の中央が空である、という大きな意味を汲《く》まずに復元しているようにおもえる。

臥龍から青龍へ

安土城を建築的に復元すればよいのであろうか。いや実証的に細部にわたって復元する必要はない。現在の天守台があれば信長の声は充分に響いてくる。学者や研究者が復元研究をするのはかまわない。しかしそれは研究のためであって新しき未来のためではない。安土城の復元は各自の心のなかに復元すればよい。信長は野生児であった。子供のころから山野を疾駆したという。肉親の情は薄いという。自然との対話ができたのかもしれない。樹木とも大岩とも話をしたのであろう。宇宙との一体感が生まれた人物であった。それは神であったかもしれない。腐敗した比叡山の僧侶にとってみれば魔王に映ったであろう。

戦乱の世を天下布武の志によって立ち向かった織田信長の心は、この安土城天守台の中核に立てば大きな響きとなってわれわれに語りかけてくれる。天守台中央の礎石の空白はその地中に巨大な蛇石が置かれているためである。その蛇石こそ安土城の中核である。中核からの声を聞いてみよう。

大地の精気を吸い取って眠る臥龍が覚めて立つ。蛇石は大地の蛇の精。天守台の中央、天と地の軸がここにある。縄文の精神を継承し、三内丸山遺跡の栗の神殿がここに建つ。武士も民も集まって大きな大きな喝采《かっさい》、太鼓の音、囃子《はやし》のなかからわき上がる。桶狭間に疾駆した青龍・織田信長。多くの人々を天下布武の名のもとに殺戮《さつりく》していった悲しさがある。優しさも同時にもっていたとおもう。妖しき力が爆発し躍動する。信長の夢・魔王・青き巨大な龍が蛇石の上から立ち上がり、天守台の礎石の空白より未来に向かって飛翔する。

満月の桂離宮

瓜畑の思い出
盆地の夏は蒸し暑い
御所を抜け出て涼み出る
桂のほとりは瓜畑
仲間と共に瓜をはみ
狸も狐も遊び来て
可愛い仙女に化けもした
東の山から月が出て

瓜　畑　の　月　見

月　見　台

みんなで浮かれた月見台

桂離宮が日本の美を代表するといわれてから久しい。しかしこれは建築家、造園家といわれる専門の人達の見解が流行しただけなのかもしれない。学者の研究は参考にしてよいであろう。しかし設計者の心を響かせるのは各自の心である。

設計分析からみた中核

桂離宮はたしかに建築と庭園を融合して美の頂点にあるかもしれない。しかしそのなかに一歩足を踏み出せば多様で複雑な工夫が数多《あまた》なされていて、美の混沌の海を泳ぐことになる。桂離宮は美の方向を示す羅針盤であらねばならぬ。設計分析でその中核をまずはじめに求めてみよう。

設計者はその心を、表現する作品の中央に堂々と描くということをすでに学んできた。作品の中核とは設計者の心の深層の核心の表現である。桂離宮について、中核を求めるために離宮全体の平面図を広げ、図の中点を探してみた。

実測平面図には大きな池があり、その西側に建築群が描かれている。池を取り巻いて丘陵があり、その所々に小さな建築物・亭があった。古書院・中書院と新御殿と名付けられた建築群と大きな池の接点に中点はあった。そしてその中点は小さな方形をしていた。月見台と名付けられていた。

中核はたんに図の中点ではなく、全体の重心でもあり心の核心でもある。したがって普通は大建築にあってはその建築の中央に位置する。桂離宮の平面図の中点が小さな方形の月見台というのはいかなる意味をもつのであろうか。

月見台は古書院、中書院、新御殿と呼ばれる建築群の南の先端にある竹の濡れ縁である。夏の夕涼みをする縁台状のもので庭園の池に面している。その縁台は広さが六畳敷きほどで、その上は竹の簀《す》の子でできている。名称から推察するにその上で座って月を観賞するためであろうが、夕涼みの縁台よりははるかに大きく足が高い。そのためその上でそのまま二、三人の友と酒を酌み交わしながら談笑するような縁台である。

桂離宮について数多の研究書がありながら、この月見台についてはほとんど述べられていない。離宮のなかで最古で最大の建築である古書院の前にあり、池に向かってある。多くの写真についても古書院は写るがそれに付随して月見台は写ることになる。いうならば尻尾のような存在として扱われてきたことになる。

従来の専門家が月見台を敬遠してきたということは、心の深層から中核の響きを感じ取る設計分析にとっては逆に重要である。桂離宮の中央にあって専門家が無視してきたのは、彼らにとってはじめから苦手の分野なのであろう。学者や専門家はどんなに重要な所でも実証できない所はさけて通るらしい。また専門家という意識が感覚を麻痺させているのかもしれない。平面図の中点にあって、建築群と庭園の融合の接点にあり、実証的専門家から無視され敬遠されてきた月見台こそ、桂離宮の中核と見てまずさしつかえないであろう。

はじめての桂離宮

充分な予備知識がなくても文化遺産は語りかけてくれる。私の青年時代にはじめて桂離宮を訪れた印象から話してみたい。

まっすぐの道の向こうに、低いが形よき姿の松が正面にあった。その向こうに真っ青の池が肩越しに見える。御幸門からお腰掛へと進み、まっすぐな延べ段から飛び石に変わるころ、州浜から天橋立を模したと伝えられる島々を観る。石橋を渡りて松琴亭に着く。さらに池の端を歩き、飛び石づたいに向きを変え、鮮やかな緑が目に映える。山を登り池を眺めると植物の葉のなかに包み込まれるような気になってくる。

山頂の賞花亭から書院群を望む。簡素な作りの建築群であり、古い順に古書院、中書院そして新御殿が並ぶ。池を眺めながら園林堂から笑意軒にくる。額が掲げられていて踊るような笑意軒の文字があった。

書院群のなかにも案内された。さまざまな意匠が試みられ、絵も狩野派の絵から斬新なデザインもある。この書院から月見台という縁台を通してみた庭は、額縁のなかの絵のような効果をねらっているようだった。しかし建造物はあまり関心がなかった。良いと思わなかったのだとおもう。あるいは京都にいてこの程度の建造物はよく見ていたからであろうか。

気になったのは月見台といわれる露台で、いわゆる夕涼みの縁台である。古書院という中心の建物の前に、池に突き出るような形であった。それがほとんど工夫もなく存在していた。おかしなものがあったという印象が残った。

見終えてみると緑のなかにさまざまな工夫を凝らし、楽しみながら飛び石を歩んでいたことに気付く。今までの庭といえば座って眺めるものに慣れてきた私にとって、この桂離宮の庭は華やぎのある緑のなかの楽しい庭であった。植物が青々としていた。パースペクティブも効いていたようにおもう。美しい庭であった。きれいな手入れをした庭を何か遠くから見ていたようだ。

私のはじめての離宮との出会いは、楽しい華やぎのある緑の庭園という印象であったとおもう。庭園という小さな空間のなかで、手入れの行き届いた工夫のある場所であるということであろうか。大きな自然ということではなかった。建築は美しい印象はもたなかったようだ。その建築群のなかを今は案内がされていない。そのため古書院のなかの様子や、そこから月見台を通して庭を見ることはできなくなっている。最重要な場所から眺められないことは残念で惜しいとおもう。しかし当時からこの月見台がおかしなものであるという印象は私にはあった。

離宮の造営

桂離宮の造営は、江戸時代の初期、八条宮《はちじょうのみや》智仁親王《としひとしんのう》、智忠《としただ》親王の父子によって造営された。この父子の親王の造営は時間的に分離し、その思いが異なり、それがこの離宮の表現に重層している。創始者・智仁親王の造営が骨格をなし、桂の自然ととけあうのに対し、次代の智忠親王の造営は王朝風であった。

まず創始者の智仁親王がなぜこの桂の地に離宮を造営したのであろうか。この智仁親王の心を浮かべてみたい。

初代智仁親王は後陽成天皇の弟君に当たり、幼少よりすぐれた文才があり、このときの最高権力者・豊臣秀吉が彼の後継者として養子に迎えた。親王の一〇歳から一二歳の時であった。しかしそれが一変して側室淀の方に実子（鶴松）が生まれたので養子をとりやめることとなる。子供の時代であるが大きな時代の波に飲まれた人生の出発点であった。

その後、若き親王は細川幽斎に師事して歌道に励み、古今伝授を受けられ、さらに『万

八条宮智仁親王

八条宮智忠親王

葉集』『古今集』はもとより『源氏物語』について深く研鑽を積まれたという。またより広く中国の白楽天の詩文にも没頭されていく。政治の世界より離れて公家の教養の世界にひたむきに向かう青年期であったようだ。

親王の思いはこの秀吉との会合のなかで大きな影響があったであろう。しかしその思いとは裏腹に、豊臣家は一六一五年の大坂城の落城により消失する。この桂からは秀吉の居城・伏見城が遥かに見えるが、やがてその城も廃城となる。

若くして人の生死を感じ、公家としての教養を深く学んだ親王である。覇者の残忍さとその死の悲しみを知った親王であった。京の中心から離れ、この桂に離宮を造営したのは、この親王の心と無関係ではないであろう。雄大な自然に囲まれたこの桂の地にはじまった離宮は、現在の閉じられた離宮とは大きく違っていたであろう。

二代智忠親王も豊かな才能があり、和漢の学問に励まされたという。歌道、茶道から鞠、馬、弓にもすぐれた才能を示す。寛永一九年、加賀百万石の藩主前田利常の娘富姫を奥方に迎えることにより、政治的、財政的援助のなかでこの別荘が今日の形態に仕上がっていく。父の造営した桂離宮は一時荒廃し、そのあとを子の智忠親王が復興した経過がある。桂離宮は自然のなかから生まれ、つぎに教養の世界に変遷していった。

父・智仁親王は子供時代、太閤という大きな人物の後継者から廃棄という波乱の時を送った。父とは対照に子の智忠親王は、公家の豊かな教養の世界に過ごした人であったかもしれない。しかし父子とも雄大な京の自然との触れあいと、江戸の武家に対抗する宮廷文化の世界をこの桂離宮に表現した人でもある。楽しく華やぎがある王朝の世界がこの親王の心にはあったとおもってよい。

離宮の位置

桂離宮から伝わる声を聞くためにもう一度この離宮の位置から考えていこうとおもう。桂離宮の位置は京都の南西の桂川の西岸にある。京都から大阪に通う阪急電車やJRの車窓からもこの位置が確認できるのは、離宮だけがこんもりとした森になっているからである。この桂の地はその背後の北西に雄大な愛宕山《あたごやま》が、北東の京都の鬼門の比叡山が見渡せる。現在この離宮の前の桂川を桂大橋が渡っている。桂大橋に立って周囲を見渡してみよう。ただし今日の桂川の水位は河川改修によって相当河床が低くなっていることを覚えておくほうがよい。

東を眺めれば京の都がすべて見渡せる。京都の御所も、幕府の二条城も視野に入ったかもしれない。川は流れ、山があり、風があって、天がある。遠くに小さく秀吉が築いた伏見城が見える。一六一五年は大坂城の落城の年。八条宮智仁親王はあの秀吉の養子となり

古書院と月見台

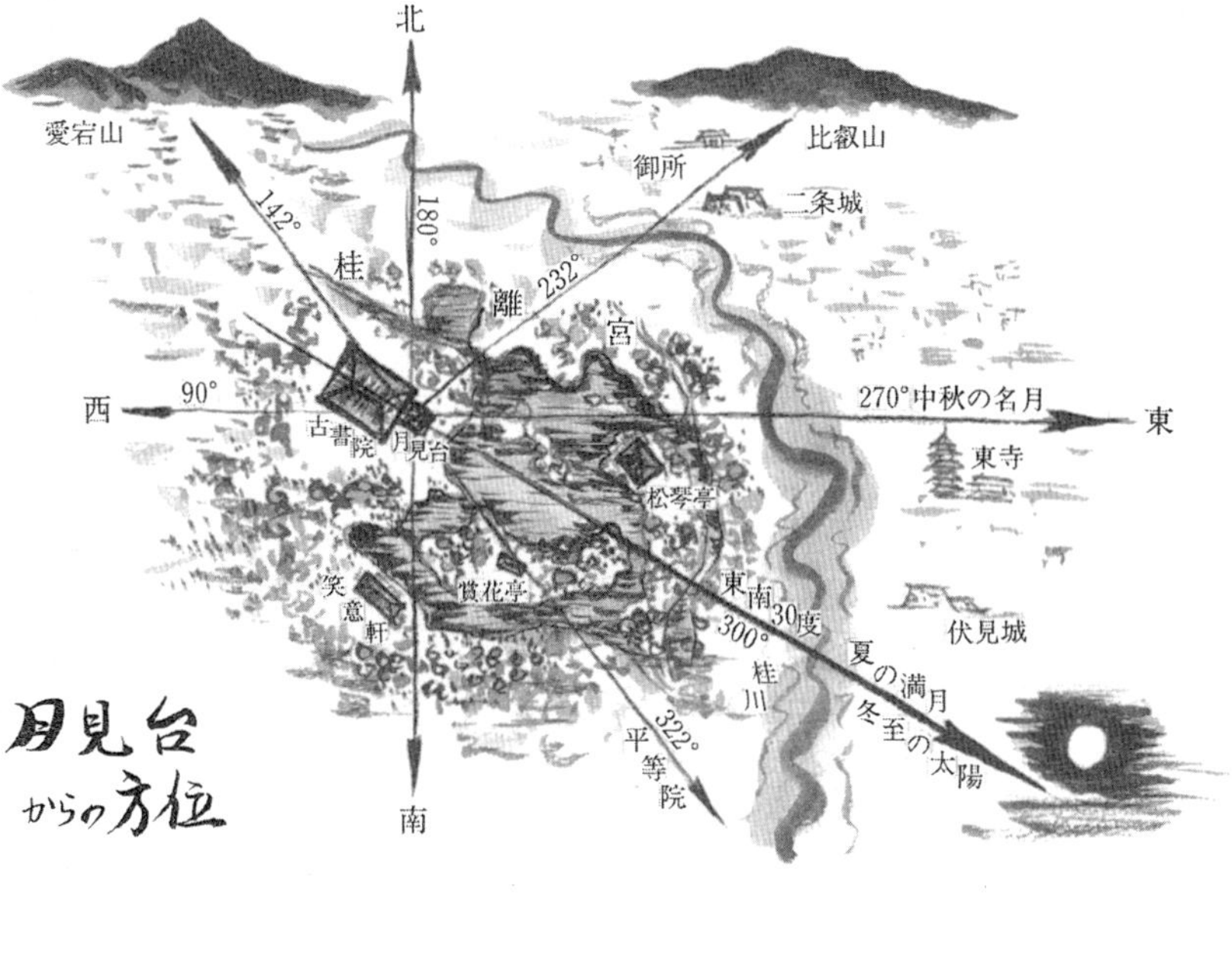
北
愛宕山
比叡山
御所
二条城
142°
180°
桂
離
232°
宮
西
90°
270°中秋の名月
東
古書院
月見台
東寺
松琴亭
笑意軒
賞花亭
東南30度
300°
伏見城
夏の満月
冬至の太陽
桂川
322°
平等院
南
月見台からの方位

し日を想い起こしたことであろう。それはもはや人知を越えて時の過ぎゆくことへの想いではなかったろうか。北から流れる桂川、東から北に優美な東山、北には間近に穏やかな北山の山並み、西から南に竹林の西山がせまってくる。南は北からの桂川がゆったりと流れている。

桂離宮に入ってしまえば、この京の大きなパノラマの自然は見られない。離宮の周囲は大きな樹林に囲われ、外部からは遮断されている。離宮の創設者は、樹林にかこまれない、この周囲の大きな自然に囲まれた地に造営したのである。今の離宮はこの土地の風土と切り離されて孤独である。桂離宮の参観に入る前にこの京の自然を見ておかないと、まったく違った桂離宮の美を探すことになる。

ブルーノ・タウト

桂離宮は日本の建築と庭園における代表的な美しさがあるといわれて久しい。事実、桂離宮について書かれた書籍は数多く、写真集としても多く出版されている。この美しさを世間一般に知らしめたのは一九三三年に来日したドイツの建築家ブルーノ・タウト氏といわれている。タウト氏は建築のなかでも当時のモダニズムといわれる立場から積極的に桂離宮の美しさを讃えた。それは建築の簡素で飾らないものを良しとする考えである。

桂離宮の美の対極に日光東照宮をおき、醜い建築としている。同じ江戸時代初期に建てられた東照宮を例にして美と醜を話されると解ったような気になった。その影響は大きく、中学校時代から私の美醜の基準とさえなっていた。

このモダニズムの系列に日本で著名な丹下健三氏がいる。私が桂離宮の建築が美しいと知ったのは大学院時代、丹下健三氏の著作である桂離宮の写真集を見たからである。丹下氏は千里万博の大屋根の設計者であり、新旧東京都庁の設計者であり、現在でも建築の第一人者といってもよい。その写真集は桂離宮の建築群を水平線に見事に切って映し出していた。立体的に写すのでなく、水平と垂直の美しさであったようにおもう。今おもうにこれは写真家の技量なのであろう。そしてモダニズムの旗手である丹下健三氏の指導があった。

つくられた桂離宮神話

桂離宮が日本の美の象徴であるとされ定着している。それはすでに神話として定着しているが、その神話がつくられたものだという。そのことを詳細に追究した井上章一氏の『つくられた桂離宮神話』が出版されている。井上氏は勇気を出して「私には桂離宮の良さがよくわからなかった。美的な感動というには、ほど遠かった、正直に言えば退屈なところだなという印象しかのこらなかった」と話されている。

これを読むと美というものも人が一人一人感じたものでなく、流行のようなものであるという気がしてくる。たしかに中学校時代に教えられた桂は美しく、日光東照宮は醜いという観点がつくられてきたのがよくわかる。当時の建築におけるモダニズムが新しい思想として話されたのだ。美というものはそういうところが多分に含まれている。すでに述べたギリシアのパルテノン神殿もおなじであった。

しかし新しき文明の誕生を願うなら、古き流行は捨てたほうがよいとおもう。実際に美しいかどうかは、設計分析において各自の心の響きに任せるべきなのであろう。各自の心の底に問いかけてみるほうが確かである。

月見台

月見台はもっとも古い建築物の古書院の前に突き出ている縁台である。すでに桂離宮の中核は月見台であるとした。その月見台は大きな縁台であり、古書院と一体の構造であり、その足の礎石は大きすぎるほどである。この月見台についてさすがのモダニズム建築家も美しいとはいっていない。名前が優雅な月見台と称するためか、醜いとも述べていないが、よく見ると変なものが正面においてあると気付くはずである。

よく写真に撮られるのは、古書院奥から正面の池を写してある場面である。庭の美しさを障子と月見台によって区切られ、額縁の効果があるとされてきた。しかし月見台がなくてもその効果があるはずであり、月見台は美しくもなく、どうもあるべきではない。

この縁台の上から月見をするのであろうか。それならば古書院の広縁で充分である。取り払われずに当初からの絵図にも月見台は存在する。これは創建者・智仁親王と大きなかかわりがあったとしかおもえない。古書院に付属しているとおもわれる月見台であるが、逆に月見台があって、古書院が建てられたと語っているようだ。

それならば、この月見台こそが桂離宮の原点となる。まさに桂離宮の中核であり、智仁親王の心の深層である。桂離宮がはじめにどこからつくられたのかという問いは、この中核である月見台ですという答えが返ってくる。この答えは中核というものの性質から来る。人が表現する作品はその心の深層から出てくるのであるから、まず中央につくられ、はじめに置かれるのである。

少し想像をたくましくして月見台の当初を思い浮かべてみよう。智仁親王は夏の盛りの一日、桂川で船遊びをし、桂のこの地で瓜畑を見ながら、和歌の読み手などとともに遊んだという。桂離宮の当初の名前が「瓜畑のかろき茶屋」と呼ばれ、文献に記載されている。

しかし、もっとしげしげと通っている風景を想像したくなる。京都は盆地であって蒸し暑く風も通らない。この夏の桂川で遊ぶ楽しみが一日で終わるとはとてもおもえない。

公式には一日の遊びであって、そこはすでに世の荒波から悲しみをみてきた親王である。荒波のなかに深き悲しみがあり、それはより深き楽しみを求めることとなる。京の御所からすぐの桂に遊ぶことは最大の楽しさであった。夏の瓜畑で、比叡山と愛宕山を背に、東山から出る月を見れば、毎日でも通われたことであろう。通われればそこはいろんな人との交わりがあり、狸や狐と出あっても不思議ではなく、月からおりてくる仙女との交わりがあってこそ楽しい世界なのだ。巫山《ふざん》の夢であった。

桂の月

月見台とはこの縁台で月を見ながらの楽しい酒盛りをあらわしている。われわれの想像する酒盛りではない。月の光は別世界をつくりだす。優雅で、仙女が舞い、雅楽が奏でる月の女神の世界を浮かべたほうがよい。桂の地は月との話が多くでる。中国の伝説には、月には大きな桂の木が生えていたという。この月桂の伝説からこの地が桂と名付けられたという。

桂離宮は月に関するデザインが多い。建物の月波楼をはじめ灯籠の形まで月が出没する。月がそんなに心を引きつけるものなのであろうか。一九九六年の中秋の名月の夕べ、桂離宮の横の桂川で満月をまった。

大きな大きな満月が東の山から顔を出してきた。それはゆっくりと上昇し、あたりは夕闇に包まれ、しだいに別の世界が出現した。月の明るさが夕闇のなかで強くなり、川面にはゆらゆらと大きな月が照り映えていた。草木は闇のなかで白く輝き、虫の音はしだいに大きくこだまして響く。

月はいつも見ているようでじっくりと見たのは久しぶりであった。子供の頃はどこかの帰り道に、月を見ながら月の影を踏みながら帰った想い出がある。しかし、都会が照明で明るくなり、ビルが建ち並ぶようになってからは、月と話ができなくなってしまっている。

この中秋の満月を見て以来、天空の現象が気になってきた。京の風景から真上の天空は見えるが、天空と地上との接点がビルや家で見えなくなってしまっている。山々が歩いていて見えなくなっている。だから山の端からでてくる満月を見るということがなかったのである。

中秋の名月を見ると月を見て楽しむ気持ちがわかったような気がした。月の光はやわらかく悲しみをやわらげる。昼間の太陽は残酷なこともある。名月をもとめて古書院と月見台の方向は月の出の方向を向いているであろうとおもった。しかしこの方向は中秋の名月が東山から出る方向ではなかった。月見台での観月はいつの時期であったのか。

月の観賞にもっとも価値があるのは満月の月の出であるといわれる。しかし月の出の方位はよくわからない。そこで教えてもらったり調べることにした。

名月の方位

まず日の出の方位は真東を中心に北へ寄ったり南に寄ったり、一年で周期的に変化する。変化の幅はその土地の緯度によって異なるが、北緯三五度（京都）付近では東を中心に北へおよそ三〇度から南へおよそ三〇度までの間を行き来する。

月の場合はこの変化幅が約一ヵ月で起こり、さらに一八・六年周期での小さな変化が加わるため、非常に複雑な計算が必要となる。ただ満月の場合は太陽とほぼ正反対の方向にあることは覚えておくとよい。

天球上を太陽が動く道を黄道といい、月はその黄道の周囲を動くが白道を通る。白道は月が通る道であり、太陽の黄道に対して平均五度九分の傾斜をもち、一八・六年で一周するという。このあたりが大変複雑である。

まず古書院の方向であるが、正確な報告書にも記載されず、平面図から判断しておよそ東南三〇度の方角に向く。真東から南に三〇度の方向である。天文学的にいうと南から西回りに三〇〇度の方位角ということになる。

もともと書院群の方向と月の出の方向をはじめに研究したのが『桂離宮』の研究で著名な森蘊《おさむ》氏である。しかし書院の方向を東南一九度と錯誤し、天文計算にも計算の錯誤があるらしく中秋の名月との結論は無理なようである。

近年、桂離宮がなぜ美しいのかを追求した本があった。『桂離宮　隠された三つの謎』という題の宮元健次氏の近著である。月の方位、キリスト教とのかかわり、そして源氏物語との関係は従来の研究にもあらわれてはいたが、美との関係で明快に述べている点が良いとおもった。ここでは特に月の方位との関係を重視することにした。

宮元氏は、桂離宮の方向、すなわち建築の方向を決める古書院の方向は、東南二九度であり、それは「一六一五年（元和元年）の中秋の名月の月の出の方位によって決定されていた可能性が高い」と述べている。宮元氏はこの計算の根拠として、パソコン、ＰＣ９８０１でアストロナビゲータ（アスキー）を挙げられている。この説は面白いと思った。中秋の名月の方向に古書院の方向が向いている。それは私が桂離宮の中核だと感じた月見台の方向とも大きく関係する。

しかし中秋の名月（満月）の時期は、日没と反対に月はほぼ真東から昇るのであって真東から南に二九度のところから昇ることはない。中秋の名月は陰暦で八月一五日（新暦で九月）であるが、陰暦の八月頃は秋分の日に近く、月は真東の近くに昇る。宮元氏の東南二九度というのは方位角二九九度を指されているが、その方向に中秋の名月が出ることはなさそうである。

念のため最新の天文ソフト・ステラナビゲータ（アストロナビゲータのバージョンアップ版）によって検証した。一六一五年の中秋の名月は九月八日（新暦）で、月齢一五・一であった。そのときの高度は山の端から昇るということで三度にした。するとそのときの月の方位角はほぼ真東の二七三・六度であった。東南三・六度ということである。月見台の方角に中秋の名月は昇らないのである。

宮元説にしろ森説にしろ、月の出の方位が書院群と関係するはずであるという着想は面白いとおもう。しかし計算結果からいうとどちらの説も無理なのである。しかし書院群の方向、真東より南に三〇度の方向はなぜ設定されたのであろうか。たんなる気まぐれであろうか。

東南三〇度の方向はその土地の方向かもしれないし、その地形と河川の流れの方向かもしれない。現在の周辺の建物を見ると桂川の流路に直角にたてられているものもあるが、その建物の方向はさまざまである。しかし設計分析を基に考えたとき、桂離宮の中核は月見台であり、離宮の苑路は見通しを利かした直線を用いている。庭と建物が何らかの方位のもとに計画されているということが感じられてならない。

夏の瓜畑の満月

月見台が中核である限りは、月の出の方位とは結ばれねばならない。

しかし中秋の名月ではなかった。真東より大きく南から昇る月は、夏至に近い満月である。満月は太陽と反対の方向に昇る。真夏の満月にこそ古書院の方位は向いているのではなかろうか。月見台の形状は夏の夜の夕涼みの縁台と似ている。また書院群の作りは夏の避暑向きに考え出されている。そして決定的なのは一六一六年の夏（旧暦六月二七日）、智仁親王は公家衆、連歌衆、乱舞衆を同道して桂の地の川勝寺に瓜見をし、桂川に逍遥するとの記録も残る。

とにかく一六一六年の盛夏の候、満月の出の方位を調べてみよう。新暦七月二八日についてステラナビゲータで調べてみた。月齢一四・六日で満月である。午後七時一〇分高度一・七度のところに方位三〇一・二度に月がある。まさに古書院から月見台を見通した先の東山から、夏の満月が昇るのである。

月見台はこの瓜見の時の夏の縁台であるといっても、もはやそれはたくましい想像ではない。何か実証的な分野に入り込んでいる気がしてくる。それは桂離宮のまさに原初的な形である。月見台は創建者・智仁親王の心の奥の夏の満月の思い出の方向を指し示していた。だからこそ桂離宮の中核として月見台は、離宮の中点に存在してきたのである。

桂離宮は月とのかかわりが深い。夏の満月は古書院の方向である東から南におよそ三〇度の方向から東山を昇る。しかし、この方向は京の地にあっては太陽がもっとも南から昇る方向でもある。月が昇れば太陽も昇る。冬至の太陽の昇る朝日を見ることにした。

冬至の太陽

じっくりと日の出の太陽を見ようとして、中秋の名月を見た同じ桂の地の桂川から東南の太陽を待つことにした。一九九六年一二月二一日の冬至の日であった。河原の地は白く霜が降りた寒い日であった。桂川の水面には多くの水鳥が浮かび、空には雁が雁行をなして飛んでくる。

空は早くからあけ、薄い雲が赤く染まり、しだいに一面がオレンジ色に変わってきた。山の端の先に朱色の太陽が顔を出す。川面に太陽が映り揺らぐ。瞬く間に鮮やかな太陽が昇る。朱色の丸い太陽が浮かんできた。生命の誕生がそこにあった。

日の出の時刻は午前七時一〇分、方位角は三〇〇度、すなわち東南三〇度で古書院と月見台の方向である。朝は早いが智仁親王はこの朝日を冬至の日に見たとおもう。そして離宮の池に輝く太陽の揺らぎから新しい春の再生を感じ取ったことであろう（口絵参照）。

さらにいえば、空一面に輝くかぎろいさえ見えたのではなかろうか。太陽が昇る前に空一面にオーロラのように輝くかぎろいが、寒い朝にあるという。柿本人麻呂が奈良の大宇陀にて詠んだ詩がある。

ひんがしの　野にかぎろいの　たつみえて
返りみすれば　月かたぶきぬ

旧暦の一一月一七日に歌ったとされる。一九九六年は一二月二七日にあたるという。かぎろいが見えても不思議ではない。

とにかく親王が冬の寒い朝、古書院の障子をあければ、池があり桂川とその向こうの東山から輝く太陽が昇るのが見えたのであろう。冬至の日は太陽がもっとも遅く昇るときである。そしてその日から太陽は勢いを増して春に向かうときでもある。再生の朱色の太陽は桂離宮の庭の池にも映え、きらきらと輝いたかもしれない。

冬至に関してはもう一点考えられる。智仁親王の奥方であり、智忠親王の母親についてである。元和二年（一六一六）一二月二一日（旧暦）、宮津藩主京極丹後守高知の息女常子、智仁親王奥方として入輿されたという。この日は冬至に近い。離宮の朝日は美しかったかもしれない。奥方の丹後・天橋立からの朝日であったかもしれない。天橋立の表現は子息の智忠親王が松琴亭付近の州浜に思いのままに表現されている。このときが冬至に関係しているかもしれない。心のなかの思い出である。

気にかかる二点

私の桂離宮の思いはすでに述べた。青年期から今まで数度訪れたが、はじめての思い出は今なお続いている。桂離宮は美しいとおもう。しかしそれは樹木の緑と池の緑によっている。建築はあまり感銘をうけなかった。たしかに多様な工夫がなされたところであり、灯籠の一つ一つから飛び石の配置まで心憎い。建築については古書院から松琴亭までさまざまであり、それらについては他の案内書を参考にされたい。

ここでは私の心をとらえた気にかかる二つの点について述べてみる。その第一は山上の賞花亭であり、第二は笑意軒の扁額《へんがく》である。これらの二つの気にかかる点は、従来あまり重要視されていないとおもう。しかしこの点が桂離宮の何かを表現しているという気がしている。

この二つの点がおそらく周囲の自然世界と、公家の教養の世界とにかかわってくるからであろう。父と子は親王として天皇に近く、源氏物語における光源氏でもある。王朝の華やかさを身につけながら大きな違いも垣間見せる。初代の智仁親王と次代の智忠親王の心にかかわりがあるという想いがわき上がってくる。

賞花亭

賞花亭は大池を穿ったときに生じた土を盛土してできたといわれる築山《つきやま》の上に建つ。州浜から池沿いの道を歩き土橋を渡り、山道を登ると山腹に賞花亭があらわれる。切り妻づくりの茅葺《かやぶ》きの建物で、峠の茶屋といった趣向である。亭の周囲に紺と白の暖簾《のれん》がかけられていて、何となくくすんだ色ばかりの建築群に彩りがみられた。

創建当初はこの南に山上小亭があったが、後にこの賞花亭に替わったという。田舎の峠の茶屋ではあるが、何か優雅でもある。おそらく源氏物語的な風景が智忠親王によって営まれたのではなかろうか。

この優雅な茶屋に座れば、今でも木々のあいだから霊峰・比叡山と雄大な愛宕山《あたご》が見通せる。背の高い樹林がなければ、京都の自然が見渡せる場所であったはずである。古書院の広縁に掲げられた以心崇伝《すうでん》の扁額がある。それは美文調で述べられているが、比叡山から愛宕山へと周辺の景観を心のままに伝えている。この扁額を仰々《ぎようぎよう》しいとおもうかもしれないが、美文調のほうが現代の研究書よりはるかに親王の心を伝えていそうだ。

賞花亭

扁額　笑意軒

笑意軒

東南三〇度の方向が冬至の太陽の日の出の方向なら、この方向を逆に延長すれば愛宕山がある。直角に北東に延ばせば比叡山に当たる。冬至の日の出があり、夏の満月を見て京の眺望を一望する。心の中で桂の位置が世界の中心にあると想像できる。親王父子が武家に対して平安京の復活・再生を想い立ってもおかしくはない。天皇になるはずの親王であった。武力による平定ではなかったであろう。王朝の世界の再生であった。

笑意軒　笑っているのか、怒っているのか、不思議な扁額が気になった。「笑意軒」としたためた扁額であり、良恕《りようじよ》親王の書といわれる。良恕親王は後水尾上皇の子息であり、後陽成天皇の弟・智仁親王の兄にあたる。武家に対抗する宮廷文化興隆の影の主役であった。

笑意軒は、離宮の東にあって、もっとも新しい茶屋であったかもしれない。内部の意匠は斬新で紺や臙脂《えんじ》の模様は現代的である。襖《ふすま》の引き手も舟の櫂《かい》や矢形であり工夫が凝らされている。この亭の前にある船着き場は長く直線的である。

笑意軒の名は「一枝春微笑意」の古句からきているというが、笑っている心としたほうがあっているようにおもう。

特にこの扁額の笑意軒という文字は面白い。天皇家につながる親王はもっと固苦しい文字を書くものとおもっていた。それがこの書を見たときにたしかに文字そのもののように笑ってしまった。白く太い字である。しかし今までに見た書ではない。笑っているようで深い悲しさがあり、ふざけているようで真面目である。

親王という立場はわれわれが考える以上に自由でおおらかで、しかも悲しさがあるようだ。桂離宮を参観すると何となく固苦しくなってしまうが、この書は一つのすくいとなる。設計分析という手法で心を感じるというのも、この書の前では笑われているようだ。心は広いものなのだ。

語りかける言葉

笑意軒の文字が笑って泣いている。この書を見て心が響く人もあれば感じない人もある。文化遺産・桂離宮の語りかける声が誰にも聞こえるものではないかもしれない。しかし、設計者・智仁親王と智忠親王の心は語りかけているとおもう。

桂離宮の美しさを求める人がある。設計分析では美しさでなく、設計者の心の世界に触れえる場が、桂離宮であるとしている。桂離宮はちょうど知性と感性が解け合っているのかもしれない。建築のみで考えては退屈になるであろう。しかし建築が簡素で控えめであることが一体感を持たせることになる。建築から庭に、庭から大自然への展開が心を感動させるのである。

月の方向性を中心に桂離宮を考えてみた。設計分析から桂離宮の中核を月見台とした。古書院と月見台はその方向を夏の満月と、冬至の日の出に向けている。月を取り込み太陽を取り込む。京の風土を大きく取り込んでいる設計になっている。それは桂離宮の原初形態が永く残ることを意味している。瓜畑の桂での夕涼み、月に住む仙女との思い出が桂離宮の骨格である。

人の心に中核となる太陽と月が存在する。根元的な心とでもいうべきであろう。それが普遍的無意識である。そして心の深層に宮廷文化という風土的な無意識があり、瓜畑の思い出という個人的無意識がある。それらを心として素直に表現したのが桂離宮である。

桂離宮の創設者・八条宮智仁親王は歴史の大波に生きてきた人である。その人の心の世界に触れるならば、われわれの行く先を示しうるであろう。桂離宮はただ美しいだけのものではない。桂離宮に居ながらにして四方の山々を想起しえたであろう。やさしき心は満月そのものになって桂離宮と京の風土を眺めたかもしれない（口絵参照）。自然と宇宙との一体感こそが智仁親王の求めたものではなかろうか。月と太陽をのぞむのは宇宙との一体感の共有であろう。

桂離宮にはもう一つの世界がありそうである。次代の智忠親王の心である。それは厳しい世界ではないかもしれない。父・智仁親王と仙女との語らいを受け継いでいる。王朝の華やかさがここにはある。光源氏をめぐる源氏物語の世界かもしれない。賞花亭の山上で京の都を眺めるのは、優雅な笛の音と踊りであった。山は緑だけではなく彩りの花があり紅葉がある。

桂離宮から聞こえてくる声は厳しく華やぐ声であった。京の風土を愛した人達の声であった。江戸の武士社会に対抗する気概を持った人達であった。古代からの心を継承した人達でもあった。しかし最後にどうしても笑意軒の笑って悲しい文字が語る声が心に響いてしまう、

――心は大きく広く深いと。

現代から未来への風

羅針盤

世界の文化遺産からの声を聞いた。日本の文化遺産からの声も聞いた。さすれば文化遺産からの声は、嵐のなかの大海原でわれわれの進路を示す羅針盤たりえたであろうか。現代は過去の時代に比べ物質的に豊かになったかもしれない。しかしそれはわれわれの住む地球の資源を食い荒らしているにすぎないのかもしれない。人類の残忍さのみが残り、優しさと悲しさが忘れ去られている。心が豊かになったとはとてもおもえない。

締めくくりとして現代から未来に向かう風に問うてみることにしたい。現代から吹いてくる風の響きは、文化遺産がその風土として存在する京都からであった。京都の玄関に巨大な建造物が立ち上がってきた。それは巨大技術と現代文明を如実にあらわしているようだ。

つぎにその現代文明を支えるキリスト教の聖書の響きを感じてみようと思う。そして未来への風は、古代中国で生まれた最高の古典・易経から感じ取れるかもしれない。聖書と易経はわれわれに残された書籍であり、最大の文化遺産でもある。その語りかける声を聞いてみれば未来に向かう風の方向がわかるかもしれない。

巨大ダム・京都駅ビル

平安建都千二百年の記念事業の一つとして京都駅ビルが巨大な全貌をあらわした。その巨大さは京都に吹く風を遮り、さまざまな文化遺産の声をも殺していく。一九九七年九月京都駅ビルは全面開業を始めた。それは周囲の町並みを越えて戦艦にもたとえられる巨大さである。壁面はガラスでおおわれ、内部は豪華な客船であり、すべてがそろう施設群を配置する。

設計分析でみてもその中核にあたる正面の巨大な吹き抜け空間・大コンコースは素晴らしいと思う。この空間がおそらく設計者の表現したいと望んだ空間なのであろう。しかしそれとは別に、駅ビル全体の巨大さは、京の盆地の北から南への風の通路を、東西に遮断する巨大ダムとなる。

京都駅ビル北側　正面

南側　裏面

吹き抜け空間

平安京は中国の長安を模範として建設されたという。それは幅八〇メートルの南北軸・朱雀大路を中央にとる壮大な都であった。時をへてもその骨格は変わらず現在まで継承されてきたかのようだ。天子は南面するの譬《たと》えどおり、京の骨格は中央の南北軸がその精神的支柱に当たる。現在の京にあっては烏丸《からすま》通りであり、その南の端が京都駅であった。その重要な位置に忽然《こつぜん》としてあらわれた京都駅ビルは高さ六〇メートル、東西の全長は四七〇メートル、南北の幅は五〇〜六〇メートルの巨大なる障壁として出現した。

この年に大きな話題となった長崎の諫早湾に建造された長大なダムに似る。干拓のためのギロチンをイメージする長大なダムを思い出させる。諫早湾のダムはムツゴロウなどの干潟の生き物の息の根を止めた。それは人のためならば何をしても良いという考えと巨大技術が合体したものである。心の奥底の残忍さが顔をだしはじめた。

駅ビルの繁栄

巨大ダム・京都駅ビルは駅の内部には繁栄をもたらすかもしれない。新聞は未来への玄関口として大々的に報じる。古都の新シンボルであり、出会い、にぎわい、魅力満載なのである。通勤経路である私も立ち寄ってみた。今までにない斬新なデザインであった。しかし、しばらくすると疲れてしまった。何か大都会、東京そのもののような気がした。京都の良さ、やすらぎがなかった。駅本来の機能も乗客を忘れて混雑するようになっている。商売上の競争はよくわかる。若者にとっては京ではじめての都市機能を備えた集約空間であったかもしれない。それは京がこの駅ビルしか新しい試みをしなかったためでもあった。

駅ビルは賛否半ばするとしても、駅ビル自体は京の交通の最要点を占め、繁栄するであろう。しかしこの駅ビルは京都の風土を抹殺する役割を担っているようだ。巨大ダムはそれを見るときだけでなく、京を心のなかで思い出すときに大きな障壁となって立ちはだかるのである。

京の風土を破壊する建造物は戦後まもなく建てられた展望台がはじめである。京の東北にそびえる霊峰・比叡山の頂上に展望台が建てられた。京の町中からも遠望できるが、それは景観の破壊のみではなく、心をともなう風土の破壊であった。心の京の映像に、山々の上に展望台が建つ。たんなる眺望を見るためならいくらでも方法があったはずである。

現代の建築家集団が巨大技術を駆使して、かつての先輩に当たる大工達が心を絞って築き上げた京の文化遺産を破壊する。今はもっと古き時に目を向けるべき時であるのに。歴史の大きな皮肉なのであろうか。

設計競技

京の風土を破壊する京都駅ビルはなぜ出現するのを許されたのであろうか。

この巨大建築物は京都府、京都市と京の経済界およびJRが関連して建設している。まさに京の代表が構想し、それを日本を代表する建築家達に審査を委託し、外国人を含める指名設計競技がおこなわれた。形式的に見てこれ以上ない民主的な建築の方式であったように見える。

しかしそこには傲慢さからくる誤りが存在していた。著名な建築家は素晴らしい建築を設計するという誤りである。さらにあらゆる要望をこの駅ビルに課した人たちの存在である。そしてそれらの集積が巨大な欲望の固まりとなってあらわれたのが駅ビルであった。

実際設計コンペに記された留意点は、「未来の新しい世界に向かって飛躍する京都を象徴し、この駅舎は新しい都市景観を創造し、京都の歴史風土および自然環境との調和をはかり、市民の誇りとなり」と高らかにうたっている。

しかし主要施設はデパートからホテルなどを盛り込み、施設規模を二三万平方メートル程度としている。その規模はすでに設計条件であって、建築形態は超高層にするか、長大なダムにするかの進路しかなかったのかもしれない。すべてはすでに設計競技以前に決定していたのである。京の風土を破壊することははじめからわかっていた。後は審査会などで権威付け、意匠を有名建築家達に任せた形を取ったということである。

最優秀作

それでは建築家達はどのようにこの巨大施設という設計競技に応じたのであろうか。指名建築家は日本人四名、外国人三名の計七名であった。そしてこの人達は設計条件に反発することなく意欲的に建築設計に向かったのである。

その意匠はたしかにさまざまであった。しかしどれを採用しても京都の風土を破壊した作品であった。指名設計では多くの建築家のなかから、もともと風土と離れた、西洋文明の先端者のみを意識的に選択したともおもえる。最優秀作の原廣司氏の作品はまだ最悪でなかったかもしれない。すべての作品は建築面積を忠実に実行する巨大建造物であった。建築家として京の風土をまもるために施設規模の削減を提言する人はやはりいなかった。現代の建築家はたんなるデザインを商売にする人達であり、西洋かぶれであり、確固とした見識を持つ人達ではないようである。設計はあの狂気のバブル期になされた。そして反省もなく変更もなく今日に続く。

たとえば最優秀作で現実の京都駅ビルの設計となった原氏の設計趣旨である。「京都は、歴史への門である。京都駅の建築全体はこの短文の形象化でありたい」と宣言している。なるほどたしかに小さな門らしきものは設計されている。しかしそれは何かの飾り穴としかおもえない。どうもこの門は抽象的に述べられたものに過ぎないようだ。さらに「地理学的コンコースなる概念の具象化を門の表現の第一に据えた」としている。そしてマトリックスなる用語を用いて補足説明がされている。何度読んでもよくわからない趣旨説明である。それはどうも施設配置の説明であるようだ。とすればこの設計の目的はなにもないのかもしれない。設計目的に京の風土ははじめからなかったのである。

設計趣旨によって建築は設計される。しかし設計趣旨は抽象化されて実体はなかった。審査員はこんなことがわからなかったのだろうか。設計者も審査委員達も同じ建築家集団なのである。西洋はその歴史と個性を大切にしている。自国の文化を強固に守っているのである。それなのにわが国の建築家は日本文化の原点をも放棄するのであろうか。歴史をみつめ、京の風土を愛した人はいなかったのであろうか。桂離宮の如き江戸・東京に対抗する気概はなくなったのか。未来への風を感じなかったのであろうか。一体このような虚構がどこから生まれたのであろうか。無知なのか、鈍感なのか、意図的であるのか。

閉鎖的無意識

一定以上の集団がある時間を継続して存続すると、集団内にその継続のための無意識が発生するようだ。この集団が開放的であり自然との交流があれば社会全体とも調和する。しかし閉鎖的で自然との交流がないと社会からかけ離れる。集団の内に社会や自然からの風が吹いていればよどまないが、風が留まると集団に腐敗がはじまる。

かつてはこれら集団内に生まれる無意識を風土とのかかわりから風土的無意識と名付けた。しかし閉鎖集団から生まれる無意識はあまりにも腐敗し硬直する。風土というものからかけ離れて生育する。風土の名に値しない。

硬直と腐敗の閉鎖集団から生まれる無意識を閉鎖的無意識と呼ぶことにしたい。そしてこの京都駅ビルを出現した現代建築家集団にまず与えようとおもう。

京都の風土を東西に遮断する京都駅ビルはなぜ出現したのであろうか。この巨大な建造物が京都の風土を破壊するという危惧《きぐ》は誰にでもあった。激しい仏教界の反対もあった。あるいはこの京都駅をもっと数寄屋風の簡素な建築群として、南北の軸線をとおした計画も提示されていた。根本的にはJR路線そのものを高架にすることが必要であった。それにもかかわらず、それらの指摘は無視された。

京都の風土が破壊されることはよくわかっていたはずである。それは設計コンペにおいても、京都の風土と調和することが幾度となく留意事項に記されていることが、逆の意味で証明している。京の風土を破壊することを前提にして、それを押し隠すかのように設計趣旨が述べられる。技術を過信し優しさを忘れている。乗客を忘れ巨大さと斬新さのみを追い求める。建築家集団の奢りがそのままここにあらわれている。集団内に風が吹かず、にごりよどみはじめる。それはこの京都駅ビルに関係した建築家達の意識を押し隠し、水面下の閉鎖的無意識が生まれ育つ。

素直に「この設計は京の風土を大きく破壊するものである。現代建築は風土には関係なく、巨大な容器を作り上げるものである。建築家は施主の多くの要望に応えて、巨大な施設を作り上げ飾り付けるものにすぎない」といえないのであろうか。実際に見た駅ビルはたしかに数々の装飾が施してある。西洋文明の模倣の最先端である。装飾はしてあるが、そこには攻撃的で金属的な冷たさが顔を出す。京の優しさはみじんもない。しかも設計条件に京の歴史的風土と自然環境の調和を目指していながら、実際は、逆に巨大な遮蔽《しゃへい》物を作る。こうした虚構への反省は建築界では生まれてこないようだ。

京の反応

駅ビルに対して私は、巨大ダムであり、西洋文化の追随として強く批判する。しかし新聞論調は何かテーマパークが出現したように描いている。京都人が新しいものを歓迎しているとも主張する。新聞の投稿欄にもこの駅ビルについての歓迎文がよく載っていた。歓迎には二つの理由があるようだ。国際都市京都としての表玄関にふさわしいという。関西空港がそのままあるようだともいう。そして古きくすぶった社寺には飽きてしまったという。古き京都を捨て、国際都市京都を待望する。しかしそれは違うように感じる。たんなる景観論争ではない。そして駅ビルに不満を持つ人々は沈黙しているように感じた。

全国から京を訪れる人々は、この駅ビルを、京にふさわしくないと感じているようだ。京の住人の反応は私には残念であった。京にやってくる人々こそ京の良さを理解しているのである。その人々を迎えたい。

文化遺産に囲われた京の住人は、なぜか文化遺産の声を聞いていない。それは文化遺産をいつのまにか観光産業の対象にしか扱わなくなったからである。文化遺産の語る声を聞かなくては、それは面白くもない古き遺物となる。

この駅ビルの建設から、京都の観光のあり方をおもい直してみる必要がありそうだ。京都の風土はわれわれの心の原点であるとおもう。それがいつのまにか忘れ去られようとしている。国際化に向かうのもよいだろう。しかし日本の心を見失っているように感じてしまう。自国の文化を見失ってまで、どうして国際化を求めるのであろうか。このままではやがてわれわれは、根無し草に終わるであろう。もう一度、文化遺産の語る声に耳を傾けるべきだとおもう。

文化遺産の語る声を閉ざしてきたのは、西洋文明の謳歌である。それに追随する社会組織である。西洋文明の基礎は科学によっている。やがて科学は肥大し、地球の資源を食い尽くし、自然を破壊しすべての生物の生存までも危うくするようになった。すべては科学的であるというだけで許されてきた。悲しみといたわりのない科学は傲慢さのみが残る。かつて西洋では教会の教えというだけですべてが正義であった。進化論はそのような教会にダーウィンが反論したのである。しかし、いまの科学は、かつての教会の権威をまとい、巨大技術を駆使し、反対意見を押さえ込んでいる。未来への風を感じ取るために、現代科学とその精神基盤のキリスト教をつぎに考えてみることにしよう。

出エジプト

キリスト教は聖書から読み始めてみよう。聖書のはじめの大きな感動は出エジプトではなかろうか。古代エジプトにおいて、多くのイスラエルの民が奴隷として神殿の建造に酷使されていた。エジプトの邪神の神々が支配し、専制の王・ファラオが人々を苦しめる。その民のなかからモーゼが出て、偉大なる神のもとに天地を求めてエジプトを出る。旧約聖書に記載される出エジプトの話である。

アメリカの巨大映画「十戒」はこのできごとをできるだけ忠実に再現した超大作のスペ

クタクル宗教映画である。エジプトから脱出する民に、エジプト王・ラムセス二世は大軍をもって追いかける。追いつめられた指導者・モーゼは紅海を二つに分け、一筋の道を現出して民を導く。海を二つに分け民を導くのは唯一絶対神である。エジプトの邪悪なる神々は何の力をも持たず、エジプト軍は海に飲まれて壊滅する。

この偉大なる神がユダヤ教の神・ヤーウェであり、後にキリストがあらわれキリスト教の唯一絶対神へとなっていく。現代文明の精神的基礎はキリスト教であり、それはこの恐ろしき力の所有者であり、他の神々を否定しかつ破滅させてきた神・ゴッドである。

この出エジプトの記述は他の多くの神々が邪悪で、何か薄っぺらなものであるという印象を与えている。日本人の神々、やおろずの神々も親しみやすいが過ちをおかし、やすものの神であるかのようにおもったときもあった。しかし心の神とはそういった神々が住んでいるのがよいとおもう。はじめに述べた死の悲しみを花で飾るネアンデルタール人の心をもちたいとおもう。

私にとってはエジプトの沃野から生まれた神々のほうがあたたかな気持ちをもっているように感じる。神殿建設での過酷な労働は実際あったかもしれない。しかしそれはナイルの川がゆったりと増水する農閑期の時であった。適当な祭りもあり華やかな踊りもある。

戦いで敗れた神々も生き残り多くの神々が地域ごとに住んでいる。鳥やワニさえも神になれる。

それにひきかえ怒れる唯一神が、イスラエルの民を導いたところは荒れた荒野や砂漠である。こんな絶対神・ゴッドがそれほど偉大なのであろうか。この神以外は神でないといってもよいのであろうか。唯一絶対神・ゴッドは神かもしれないが、心の世界のなかで暗きところに住む神であるようだ。現代文明はこの唯一絶対神を根本にしている。

キリスト教

現代文明は実は西洋文明であり、その根本はキリスト教においている。この現代文明が物質的であるかのように見えるのは、ひょっとすれば日本においてだけなのかもしれない。あるいは、生き物に対してそのなかに神を見いだせないのは、この神が唯一の絶対神であるとしているからかもしれない。

われわれが森に入れば、樹木にも湧き水にも、岩にさえ神が宿っていると感じられる。しかし超越的な神の存在するキリスト教では、他の神々を感じるわけにはいかない。しかしこんな崇高な神を誰が感じたのであろうか。この神の存在を感じた人は二〇〇〇年のキリスト教の歴史でもほんの数人なのではあるまいか。

キリスト教の歴史を紐解くとき、十字軍の遠征が出てくる。子供から老人までが聖戦と称して他国を征服にいく。それも数十年もかけてであって、少年は老人になっても故国に帰れない。あるいは世界制覇をキリスト教の布教と富の獲得のためにおこなっている。征服された土地と民はキリストの神を信仰させられる。

本当の神がこんな他国の文化を破壊し尽くすものなのであろうか。心のなかの神はこんな横暴ではないとおもう。キリストは愛ある人であった。他国への征服を命じるのは神の代弁者と称する人達ではなかろうか。多くの宗教で頻繁に起こることであるが、実際に神を知らぬ教会や僧侶達は、自分達の権威を護るために神の想いとはまったく別の命令を出すものらしい。

しばしば述べた魔術や魔法というものがある。悪魔や魔女もある。これらはすべてキリストの唯一絶対神を信じないものに対して教会が与えた名称である。ひょっとすれば魔女なるものは心優しき可愛い女性であったかもしれない。悪魔は本当の神に直接話しかけた人であったかもしれない。

宗教と神とは別だとおもったほうがよい。聖書には神を唯一絶対神とは述べていない。キリストの神が世界征服を命じたのではないらしい。神の代弁者達が話し命令したのであろう。代弁者の言葉を聞くのでなく、心の世界を訪ねたほうがよい。

易経

古代中国に伝わる最高の書として易経がある。帝王が最後の決断をこの易経によってするという。易経は古代中国の殷と周の時代に生まれたとみてよい。この時代、すでに述べた青銅器の正面に饕餮《とうてつ》が飾られていた時代である。明日の戦や行事の吉凶を、亀の甲羅や獣の骨を火に焼いてその割れ具合で占う。このとき漢字のはじめである甲骨文字がその占いの文字となって出現している。

殷の政治が神の統治であるならば、周の政治が人の統治であるとおもう。殷から周への転換のなかで、神の心を感じるために周の文王が作り出したのが易経・周易である。すなわち神々の心を知性のなかで読みとろうとするのが易であるとおもう。陰陽の六個の卦から宇宙の原理を感じ取る作業であるともおもう。

易経を読んでいると本書で述べてきた設計分析と似ているとおもった。心の世界を読みとる手法という点で一致するようである。手法そのものには大きな違いがあるが、最後はやはり心に響くところでもって判断するのである。

天・地・人の宇宙を陰陽の世界とし、さらに陰陽の組み合わせによって、八卦《け》を生み出す。よくいうあたるも八卦、あたらぬも八卦なのである。八卦は天、沢、火、雷、風、水、山、地の現象をあらわしている。さらにこの卦の二組ずつの組み合わせにて六四の卦を得るという。この卦を得るのに筮竹《ぜいちく》をもってする。心を込めて筮竹を選ぶならば卦が得られるという。

こんな時に思い出すのが三国志の赤壁の戦いである。魏の大軍を前にして、その巨大水軍を打ち破るには火計しかない。しかし風向きは逆である。東南《たつみ》の風は吹いてこない。漢の軍師・諸葛孔明は祭壇を築き三日三夜のあいだ天に祈る。やがて風は向きを変え生暖かい東南の風が吹いてくる。これは自然の貿易風をよく知る孔明の演出であるとされているが、心の祈りが天に通じたのかもしれない。未来への風はどこに向かうのであろうか。

卦をたてる

未来への風はこの易経が教えてくれるかもしれない。しかし筮竹を使うのはやめておこう。設計分析では中核を感じればよいはずである。易経からの声を聞いてみたい。諸葛孔明と同じく、壇に登り天に向かいて、心しずかに聞いてみたいとおもう。心に風の方向を感じればよいのかもしれない。それは易経から響いてくる未来への展望である。その卦は三つあった。

第一は「天地否」で、その陰陽の卦は⚊を陽とし⚋を陰とすれば、☰ ☷ である。上が陽ばかりの天であり、下の卦が陰のみの地である。陰と陽、天と地が完全に上下に分かれてしまっている。天地が交わらず、万物が分離しているという。世のなかのすべての思いがつうじずにいる。正論がとおらず、反対、陰謀がまかり通っている。知性と感性という心の世界が二つに分かれている。日本の学問と政治と経済のシステムが硬直し、風がとおらずよどんでいる。残忍さのみがあらわれ、悲しみとやさしさが忘れられている。月の光が忘れられている。自然に従うことが望まれている。

第二は「山地剝《はく》」であった。その卦は䷖で、非常な難局であり、虚偽の社会がはがされていくという。仮面の生活がはがされることによってはじめて安泰がえられるともいう。阪神大震災の建造物の崩壊や、核という重大さを忘れた動燃の事故隠しも、銀行と証券業界がなした総会屋への多額の利益供与等の無責任な事件が続く。それらはすべて日本の最高の知識人達が起こした事件である。しかもすべて責任はとらず、信念はもともとなく、恥というものをまったくなくしていた。物質中心の明治以来の学問そのものに疑問が生じる。仮面がはがれるときが来たのかもしれない。

京都駅ビルで述べた建築家集団は、その内部から閉鎖的無意識が発生したとおもう。権威が集団を束縛し、いつの間にか誤りを気付かず、鈍感となり仲間内の癒着が生まれ腐敗する。大切な京の風土を破壊しても調和していると述べる。権威が喪失する時である。崩壊すべきものは早く崩壊すべきかもしれない。山はまだまだ崩れるであろう。

第三は「風地観」であった。その卦は☴☷であった。天地の運行、四季違わぬのが神のみ心という。ちょうど地上を風が吹いているという風景がこの卦であるようだ。その土地の風土から、人々が心を開いてみてみたらよいという卦であると感じた。風は人類のみでなく多くの生き物との間にも吹くべきであろう。現代から未来への風は他の生き物の悲しみの声を運んでくれる。その風を感じとれる心をもちたいとおもう。

天と地の合一

現在の嵐の大海原は、心の世界がきしみ、悲鳴を上げている嵐である。

アルタミラの洞窟壁画は野牛達の狩猟という殺戮と、それへのいたわりと悲しみから描かれたのであろう。心の奥の残忍さを悲しみとやさしさが癒やしてくれていた。それを今日では、いつのまにか忘れ傲慢さだけが生きている。意識と無意識がまったく分離している状態かもしれない。あるいは心と物質が離れているからかもしれない。人と他の多くの生き物との交流を見失ったためかもしれない。そのため空海のいう両部不二が求められる。二つであってはならない心の世界を、現代はまさに分断している状態であろう。

西洋文明は多くのものをわれわれに与えたかもしれないが、また多くのものを喪失させた。その出発点がモーゼの出エジプトであったかもしれない。エジプトは多くのものをはぐくんでいた。多くの神々が住んでいた。そこはまだ天と地が分離していなかった。

大海原の嵐のなかで、その舵取りは羅針盤が指し示す天と地の合一の方向であろう。物質の世界はよく知った。つぎは心の世界への回帰である。それはエジプトに戻ることかもしれない。わが国においては縄文の世界かもしれない。

代弁者の声でなく、直接に神と心の世界の響きを各自が聞けばよい。心の世界は風が吹いているとおもう。未来への風を感じ取るためには、文化遺産の語りかける声を各自が聞けばよいであろう。心の世界に風が通り、その方向を感じ取れればわれわれの船団は嵐を乗り越えてすすめるであろう。

参考文献

和辻哲郎『桂離宮』（中央公論社、一九五八年）。

ヘロドトス（松平千秋訳）『歴史　上・下』（岩波文庫、一九七一年）。

司馬遼太郎『空海の風景　上・下』（中央公論社、一九七五年）。

NHK取材班『脳と心　心が生まれた惑星「進化」』（日本放送出版協会、一九九三年）。

内藤　晶『復原安土城　信長の理想と黄金の天主』（講談社新書メチエ、一九九四年）。

吉村作治『吉村作治の古代エジプト講義録　上・下』（講談社、一九九四年）。

岡田康博・小山修三編『縄文鼎談・三内丸山の世界』（山川出版社、一九九六年）。

神部四郎次『設計分析入門（カルナック神殿からディズニーランドまで）』（コロナ社、一九九六年）。

安田喜憲『縄文文明の環境』（吉川弘文館、一九九七年）。

あとがき

心の時代がきているようだ。やがて新しい時代が来るであろうがまた混乱も多いとおもう。文化遺産は永き年月をへて次の時代に渡さねばならない。文章を書きながらたしかに文化遺産からの声が聞こえてくるようで楽しかった。心の世界を描くには文章だけでは充分に伝えられず、絵を描くことにした。暑い夏に描き出したが、すっきりとした絵はむずかしい。何枚か描き出すと墨の濃淡がやっとわかった気がした。また、描くことによって画工達の心意気も伝わってきた。書画という文化遺産についても興味がわいてきた。

感情移入ができれば、文章は進みやすい。空海や信長になれば世界の見方が変わるようだ。大鳥や月にもなってみた。現代の実証的な科学を超えて記述が走った。多くの人を本文で批判したかもしれない。しかしその人達は私の敬愛する人達でもある。その人達に科学だけでなく、新しい時代に向かって活躍をしてもらいたいと願う。

原稿が仕上がるころ、京都駅ビルが全面開業した。京都の風土が破壊されていると感じた。すべてが東京文化の金属的で攻撃的なものに覆われようとしている。もう一度日本と京都の風土を原点からふりかえってみたいとおもった。わが国の風土が可哀想におもえた。そこで、風土の基底である森に吹く風になってみた。森の下には見えない魔法の森があった。森の地中は無数の根が重なりつながって、きのこが生まれる地下帝国であった。いつかこの世界の話をしてみたい。

心には明と暗、光と闇があるかもしれない。大地に立たずに浮遊すれば心は飛び去っていくであろう。心の響きを感じるには、賢い理性とやさしさのある感性を合わせ持たねばならないとおもう。その気分は生まれようとしている。文化遺産はそのことを語ってくれるとおもう。

本書はやはり風変わりなものになった。吉川弘文館の大いなる寛容と理解に感謝したい。さらに同館編集部長早川邦武氏の不思議なほどの包容力によって本書が完成したとおもう。深く感謝の意を表すしだいである。

一九九七年一〇月一日

神部　四郎次

著者紹介

一九四四年、京都市生まれ

一九六九年、京都大学大学院修士課程修了

現在、修成建設専門学校緑の学科科長、設計分析家

主要著書

設計分析入門　秦・漢の造園〈共著〉　益田岩船について〈共著〉　石組の技術系統に関する研究Ⅰ・Ⅱ

歴史文化ライブラリー
35

語りかける文化遺産
ピラミッドから安土城・桂離宮まで

一九九八年四月一日　第一刷発行

著者　神《かん》部《べ》四《し》郎《ろ》次《じ》

発行者　吉川圭三

発行所　株式会社吉川弘文館
東京都文京区本郷七丁目二番八号
郵便番号一一三－〇〇三三
電話〇三－三八一三－九一五一〈代表〉
振替口座〇〇一〇〇－五－二四四

印刷＝平文社　製本＝ナショナル製本
装幀＝山崎　登（日本デザインセンター）

歴史文化ライブラリー

1996.10

刊行のことば

現今の日本および国際社会は、さまざまな面で大変動の時代を迎えておりますが、近づきつつある二十一世紀は人類史の到達点として、物質的な繁栄のみならず文化や自然・社会環境を謳歌できる平和な社会でなければなりません。しかしながら高度成長・技術革新にともなう急激な変貌は「自己本位な刹那主義」の風潮を生みだし、先人が築いてきた歴史や文化に学ぶ余裕もなく、いまだ明るい人類の将来が展望できていないようにも見えます。このような状況を踏まえ、よりよい二十一世紀社会を築くために、人類誕生から現在に至る「人類の遺産・教訓」としてのあらゆる分野の歴史と文化を「歴史文化ライブラリー」として刊行することといたしました。

小社は、安政四年（一八五七）の創業以来、一貫して歴史学を中心とした専門出版社として書籍を刊行しつづけてまいりました。その経験を生かし、学問成果にもとづいた本叢書を刊行し社会的要請に応えて行きたいと考えております。

現代は、マスメディアが発達した高度情報化社会といわれますが、私どもはあくまでも活字を主体とした出版こそ、ものの本質を考える基礎と信じ、本叢書をとおして社会に訴えてまいりたいと思います。これから生まれでる一冊一冊が、それぞれの読者を知的冒険の旅へと誘い、希望に満ちた人類の未来を構築する糧となれば幸いです。

吉川弘文館

〈オンデマンド版〉
語りかける文化遺産
ピラミッドから安土城・桂離宮まで

歴史文化ライブラリー
35

2017年（平成29）10月1日　発行

著　者　神《かん》部《べ》四《し》郎《ろ》次《じ》

発行者　吉　川　道　郎

発行所　株式会社　吉川弘文館
〒113-0033　東京都文京区本郷7丁目2番8号
TEL　03-3813-9151〈代表〉
URL　http://www.yoshikawa-k.co.jp/

印刷・製本　大日本印刷株式会社

装　幀　清水良洋・宮崎萌美

神部四郎次（1944～）

ISBN978-4-642-75435-4